APPUNTI DI DIRITTO DELL'UNIONE EUROPEA

Graziano D'Urso

2020

INTRODUZIONE

Questo libro vuole essere una raccolta di lezioni di diritto dell'Unione Europea in forma di appunti. Un testo suddiviso in ventuno lezioni trascritte nell'a.a. 2010/2011 presso la facoltà di Giurisprudenza dell'Università degli Studi di Catania.

Il curatore pertanto declina ogni responsabilità per il contenuto e la correttezza scientifica delle lezioni.

Febbraio 2020

1. Nascita dell'Unione Europea

Nel 1951 sei Stati in Europa hanno firmato il Trattato di Parigi istituendo la CECA entrato in vigore il 1° Gennaio 1952 estinto nel 2002. E' un fenomeno di cooperazione istituzionale internazionale (quella giuridica si fonda sul trattato secondo gli strumenti del diritto privato) che pur riferendosi ancora al trattato crea una istituzione (organizzazione internazionale) che oggi si chiama Unione Europea. E' un ente derivato e non originario (come gli Stati), dipendente dagli Stati.

Dopo la seconda guerra mondiale gli Stati Uniti lanciarono il piano Marshall ricostruendo le economie europee al fine di ripartirsi il finanziamento dato dagli USA. Al piano Marshall aderirono solo i paesi dell'Europa occidentale fondando questa organizzazione. Si situa la prima frattura e si creano le altre organizzazioni internazionali: COMECON[1] col Patto di Varsavia, ad occidente nasce il Consiglio d'Europa e la NATO[2].

---

[1]   Il Consiglio   per   la   Mutua   Assistenza Economica (COMECON, 1949-1991)   fu   un'organizzazione economica   degli stati   comuni sti,   una   sorta   di   corrispondente nel blocco   orientale della Comunità   Economica   Europea.   La controparte militare del Comecon era il Patto di Varsavia.

[2]   L'Organizzazione del Trattato Nord Atlantico (in inglese *North Atlantic   Treaty   Organization,* in sigla NATO, in francese *Organisation du Traité de l'Atlantique du*

L'organizzazione nata in Europea proponeva agli Stati trattati; L'UE non è una federazione, è una organizzazione internazionale. Ad oggi sono stati proposti ed approvato 219 trattati: trattati dedicati ai diritti dell'uomo (in singoli settori). Al centro d'Europa v'era ancora un grande problema: la Germania, divisa in quattro (la stessa Berlino era divisa in quattro). Si poteva rischiare o l'insurrezione tedesca contro i vincitori, oppure un riarmo. Dovevasi pertanto trovare una soluzione che, "riconsegnando" sovranità, controllasse, non solo la Germania, ma anche altri Stati in materia di carbone e acciaio, per evitare i riarmi di Germania, Francia, etc.

Nascendo la CECA la dottrina si è affaticata a comprendere la natura *sui generis* di questa organizzazione, con un organo direttivo (Alta Autorità) che non era composta di delegati statali ma da persone scelte che avrebbero potuto garantire l'indipendenza (dagli Stati) politica, economica, commerciale, statale, competenti in materia economica e giuridica. Questi nove uomini avevano il compito di governare con norme di politica economica, finanziandosi con un cargo siderurgico (gli Stati versavano un percentuale

---

Nord, in sigla OTAN), è un'organizzazione internazionale per la collaborazione nella difesa. Il trattato istitutivo della NATO, il Patto Atlantico, fu firmato a Washington, D.C. il 4 aprile 1949 ed entrò in vigore il 24 agosto dello stesso anno.

del guadagno sul carbone e sull'acciaio, dichiarando i fatturati e le destinazioni delle produzioni).

La Germania torna ad essere Stato sovrano e si comincia ad organizzare un processo d'integrazione che probabilmente è stata la salvezza d'Europa. Questo era un organo d'individui e non un organo di Stati.

Inizia così un processo d'integrazione dei paesi dell'Europa occidentale ed era di tipo funzionale e non federale, partendo dall'economia andando a regolare i singoli sistemi di mercato economico integrandoli. Questa è una organizzazione sovranazionale[3] che "governa" gli Stati: gli Stati restano sovrani, ma v'è comunque una qualche direzione, autorità. Le decisioni dell'autorità hanno effetti diretti per gli Stati poiché sono *self-executing*.

Questo fenomeno non è nuovo nel Diritto Internazionale, ma in certe situazioni la quantità fa la qualità: nella CECA gli obblighi sono quasi sempre *self-executing*, e quindi fa della CECA una organizzazione nuova, diversa, *sui generis*. Questa conseguenza è un fatto naturale al fine di regolare il carbone e l'acciaio in modo uniforme. Ecco perché la normativa era direttamente applicabile: la CECA aveva questo potere, questa competenza. Ha avuto un tale successo questo primo esperimento funzionale (e non federale) che gli Stati cominciarono a pensare al

---

[3] E' un equivoco concettuale, in quanto gli Stati restano sovrani.

federalismo. I rappresentanti dei sei Stati si riunirono nel 1952 al fine di creare un esercito comune con un trattato (istitutivo della CED) che avrebbe previsto in un articolo la possibilità di una costituente (creando gli Stati Uniti d'Europa).

Però nel 1952 orientamenti politici cominciarono ad allontanarsi dal federalismo (Charles De Gaulle in Francia) e vi fu quindi una battuta d'arresto. Dal 1952 ad oggi l'integrazione europea è proceduta a piccoli passi in avanti ed indietro. Cade il progetto dell'esercito comune e degli USE[4]. Sono nati due nuovi trattati a Roma nel 1957 istitutivi della CEE e dell'EURATOM.

In questo modo vi sono tre organizzazioni, che vede sempre i sei Stati membri. Il Regno Unito avrebbe voluto in vero entrare, ma la Francia si rifiutava. Fu proposto di unificare il Consiglio d'Europa con la CECA: una organizzazione intergovernativa con una "sovranazionale". L'UK dal 1957 ha cominciato a lavorare contro le tre comunità europee: EFTA[5] in cui

---

[4] United States of Europe.

[5] L'Associazione europea di libero scambio (EFTA dall'acronimo inglese *European Free Trade Association*, sebbene in Svizzera è di uso corrente l'acronimo AELS), fu fondata il 3 maggio 1960 come alternativa per gli stati europei che non volevano, o non potevano ancora, entrare nella Comunità Economica Europea, ora Unione Europea; la sua sede è a Ginevra e ha uffici a Bruxelles e nel Lussemburgo.

gli Stati membri non hanno una cintura doganale protetta comune [il bene viene fatto entrare dalla città a dazio minore (Londra), per poi farla circolare internamente senza dazi].

Le tre comunità europee sono mercantili, commerciali, economiche, non strettamente politiche. La CEE nasce con qualche ambizione in più rispetto al solo mercato, mettendo insieme la politica (commerciale, agricola, economica, trasporti, etc.), creando un area di libero scambio, proteggendola con una cintura doganale comune, creando un mercato unico. Continuano a restare i confini politici nazionali ma non sono più zone doganali, che comprende una cintura doganale esterna agli Stati membri.

L'area di libero scambio presuppone nessuna dogana tra gli Stati parti, ma proteggendosi con una dogana generale ed uguale per tutti gli Stati membri. L'importazione prevede un dazio uguale in qualsiasi punto (città) degli stati membri. Sono tre entità distinte, ma con un unico progetto, allora i tre organi si fondono in un unico organo che i presenta a nome differente, ma che svolge le stesse funzioni.

Esistono nell'UE (già a partire dal 1958) il Parlamento europeo (Assemblea parlamentare), Corte di Giustizia CEE, e Comitato Economico e Sociale. L'Alta Autorità si fonda e diviene la Commissione, e nasce il Consiglio dei Ministri. L'Alta Autorità ha più poteri della Commissione, quindi quando lavorava come Alta Autorità aveva più poteri, ma ad oggi è estinta. La dimensione mercantile non era l'unica dimensione auspicata all'epoca: già si intravedeva un'organizzazione politica. Il Parlamento europeo era un organi rappresentativo (che non può che essere di tipo politico e non commerciale). Era necessaria la sua presenza al fine di dare un contributo, per il tipo di atti giuridici adottati.

Questi sei Stati democratici danno vita ad una struttura (le comunità europee) che sono autocratiche: non potevasi creare un'autarchia dalle volontà di sei Stati Democratici, e così si dimostra la necessità dell'esistenza del Parlamento Europeo. Questa dimensione politica è venuta fuori ed ha portato una modifica strutturale. Tante decisioni tecniche presupponevano la decisione politica dei sei Governi, l'Unione Europea, la concertazione politica fra gli Stati, con un Governo Politico. A fianco alla struttura istituzionale è nata ed è cresciuta la dimensione politica dell'organizzazione. Venne creato un tavolo politico, a Bruxelles.

I sei Governi creano il "serpentone": un sistema della regolazione della moneta: con una attività costituente gli Stati danno all'organizzazione una competenza monetaria.

2. Le tre comunità europee

Le tre organizzazione europee nascono con finalità mercantili con una logica funzionale e non federale. La dimensione politica è comunque presente nei tre trattati CECA, CEE ed EURATOM. Il governo dell'economia consiste non solo in decisioni tecniche ma anche politiche. Gli Stati hanno dovuto creare dei tavoli di concertazione fuori, ma parallele agli organi tecnici al fine di trovare una soluzione politica. Questi tavoli sono stati aperti nella sede del consiglio: i delegati statali andavano a lavorare come tecnici decidendo però questioni politiche.

Dopo Nixon è stata presa una decisione politica, ma la competenza monetaria si ha solo col trattato di Maastricht[6] del 1992, assieme alla competenza della libera circolazione. Con l'immigrazione entrano persone desiderose di trovare lavoro, ma circolano anche i terroristi, i malfattori, i criminali, etc. Nel gergo comunitario TREVI è il nome di un organo europeo nato quando si cominciò a lavorare sulla cooperazione comunitaria in materia penale.

---

[6] Il Trattato di Maastricht, o Trattato sull'Unione Europea, è un trattato che è stato firmato il 7 febbraio 1992 a Maastricht, sulle rive della Mosa, dai dodici paesi membri dell'allora Comunità Europea, oggi Unione Europea. È entrato in vigore il 1° novembre 1993.

La clausola di flessibilità attribuisce nuove competenze al Consiglio d'Europa: all'unanimità (non dissimile quindi da un trattato) vengono prese decisioni categoriche sulle competenze dell'organizzazione. Le competenze dell'organizzazione crescono. Con l'Atto Unico viene data una impronta politica: in materia di affari esteri gli Stati devono concertarsi. Non è un *pactum de contraendo*, ma un *pactum de negoziando*: non hanno l'obbligo di trovare una soluzione comune, ma di concertarsi. I tempi non sono maturi per una politica estera europea. Col trattato di Maastricht del 1992 nasce una nuova organizzazione politica con una dimensione codificata che prende il nome di Unione Europea che ingloba le comunità europee che insieme formano il primo pilastro (la dimensione economica). Un secondo pilastro è la dimensione delle relazione internazionali (con l'AU: PESC) confluendo in esso tutti i tavoli politici a Bruxelles, ed il terzo è il GAI che si occupa di Diritto Penale.

Maastricht prende atto dell'intento politico ed organizza l'Europa. Sono gli Stati che propongono le norme per il secondo e per il terzo pilastro. A questo trattato segue un nuovo trattato perché nel 1993 iniziarono nuovi negoziati: il trattato di Amsterdam del 1997 entrò in vigore nel 1999 andando a dare esecuzione ad elementi non disciplinati precedentemente. La CEE diviene CE, la competenza economica si è stemperata e la comunità non fu più semplicemente economica: nasce la politica del lavoro e quella dei diritti sociali.

Il terzo pilastro avrebbe dovuto garantire la libera circolazione dei beni e delle persone, ed Amsterdam ha dato un forte risultato rispetto al prospetto dato da Maastricht. Lo scopo era creare uno spazio di libertà, sicurezza e giustizia in condizioni non meno gravose di quelle previste nel proprio Stato (senza discriminazioni).

Il trattato di Lisbona si compone di due articoli, ma ogni articolo è una serie di modifiche a trattati precedenti. Tale trattato cambia la numerazione degli articoli. Amsterdam valorizza queste due visioni aprendo una nuova dimensione che può essere considerata costituente. V'è una dichiarazione che gli Stati adottano all'interno del Consiglio europeo consapevoli si dicono che la Costituzione Europea deve essere messa a modello valorizzando l'Unione nel mondo, i diritti della persona, e dare all'Unione una Costituzione.

A Lachen l'organo (Consiglio d'Europa) prende il nome di Convenzione e ne hanno fatto parte autorità d'altissimo livello. Questa *Convention* ha dato una Costituzione all'Europa. Gli Stati hanno rinegoziato il testo e l'anno sottoposta alle ratifiche degli Stati, che però hanno fatto problemi dicendo che non erano maturi i tempi per dare una dimensione federale all'Europa. La Costituzione è caduta sotto il rifiuto di Olanda e Francia.

Crisafulli dice che qualsiasi ente riconosciuto o meno, democratico o meno, o altro, ha una costituzione nel senso di momento fondativo di un'organizzazione. La Costituzione Europea sarebbe stata una Carta che conteneva i principi fondamentali dell'Unione. Nel 2007 la conferenza intergovernativa si riunisce, toglie qualsiasi elemento che possa far apparire quel testo una Costituzione federale (operazione di cosmesi) e gli dà il nome di Trattato di Lisbona.

Il trattato di Lisbona si è estinto nel momento in cui è entrato in vigore in quanto ha esaurito il suo scopo: modificare i trattati di Maastricht e Amsterdam.

Gli obiettivi dell'organizzazioni sono scritti all'art. 3 del trattati riorganizzati secondo un ordine diverso.

3. I trattati istitutivi dell'Unione

All'interno di questa organizzazione di 27 Stati sono state prese delle soluzioni diverse per i diversi Stati: pur di procede gli Stati hanno consentito che alcuni Stati potessero andare avanti rispetto a tal altri

Stati. L'Euro è in sedici Stati, e non ventisette poiché non tutti gli Stati riescono a garantire la solidità della moneta indispensabile per la circolazione dell'Euro. Uno Stato con problemi monetari farebbe ammalare l'Euro, la competenza economica appartiene soltanto agli Stati che si collocano in seno all'Unione. La moneta non si può governare senza gli strumenti di politica economica. La leva monetaria è nelle mani dell'Unione, la leva economica è nelle mani degli Stati: senza una politica economica unitaria la moneta unitaria non decolla.

Francia e Germania hanno previsto un sistema di sanzioni come per esempio l'esclusione dai finanziamenti, l'esclusione dal voto, l'espulsione. Di fronte a questa modifica vi è la volontà di alcuni Stati di non accettare questa modifica. Francia e Germania hanno stipulato il trattato di Schengen[7] con il quale si

---

[7] Con la convenzione di Schengen si fa riferimento a un trattato che coinvolge sia alcuni Stati membri dell'Unione europea sia Stati terzi. Gli accordi, inizialmente nati al di fuori della normativa UE, ne divennero parte con il Trattato di Amsterdam, e vennero integrati nel Trattato sull'Unione europea (meglio noto come *Trattato di Maastricht*). Gli Stati membri che non fanno parte dell'"area Schengen" (nome con cui i Paesi membri del trattato in questione indicano l'insieme dei territori su cui il trattato stesso è applicato) sono il Regno Unito e l'Irlanda, in base a una clausola di *opt-out*. Gli stati terzi che partecipano a Schengen sono Islanda, Norvegia e Svizzera: un totale di 30 stati europei aderisce quindi allo Spazio Schengen. Fra questi, quattro (Cipro, Romania, Bulgaria e Liechtenstein) non hanno

potesse circolare liberamente. Gli Stati rimasti fuori del trattato di Schengen pensarono di procedere parallelamente col principio di libera circolazione delle persone.

Maastricht comunitarizza il sistema Schengen, ma non tutti gli Stati sono d'accordo, quindi li si lascia liberi di non entrare nel sistema Schengen. Nove Stati hanno deciso di creare un diritto internazionale privato in materia di divorzio. Questa operazione è iniziata nel 1968 con la CEE ma per le materie economiche. Il trattato di Unione è all'interno dello spazio di Libertà, sicurezza e Giustizia. Si sta cercando di convincere tutti gli Stati di creare un sistema che coordini la politica economica unitaria in casi di emergenza, in casi di crisi.

Per il conseguimento di questi fini gli Stati hanno conferito all'Unione Europea tutta una serie di competenze. Certi poteri d'azione appartengono all'Unione prevedendoli per trattato. Gli Stati vogliono che l'Unione non esca dalle competenze conferite. Qualsiasi competenza che non appartenga all'Unione appartiene agli Stati. Gli Stati restano i padroni dei

---

ancora attuato nella pratica tutti gli accorgimenti tecnici necessari per aderire all'area Schengen, e pertanto, in via provvisoria, mantengono tuttora i controlli alla frontiera. Inoltre uno, Monaco, fa parte dell'Area Schengen tramite la Francia. Altri 2 (San Marino e Vaticano) fanno parte di Schengen di fatto in concomitanza con l'entrata in vigore degli Accordi di Schengen in Italia: con essi il numero degli Stati in cui c'è Schengen sale a 32.

trattati. Gli Stati desiderano che in talune materie la competenza sia esclusiva dell'Unione.

L'Unione ha competenza concorrente con quella degli Stati membri, ma in altri casi anche di completamento e sostegno. Le competenze implicite non saranno mai scritte in quanto conseguenza di quelle esplicite espresse: anche quando non ci sia una norma al riguardo, il sistema funzionerà comunque secondo le competenze implicite.

L'art. 152 è la clausola di flessibilità che consente al Consiglio di attribuirsi una nuova competenza con una delibera all'unanimità su proposta della commissione previa votazione del Parlamento Europeo per poter attuare una disposizione di un Trattato che gli Stati parti non hanno però previsto. E' però questo un meccanismo a catena: la competenza in una materia ne tira un'altra, e poi un'altra estendendosi sempre più.

4. Organizzazione internazionale *sui generis*

L'Unione Europea è quindi un ente unico e non comprende l'EURATOM, utilizza il sistema comunitario (con la procedura legislativa comunitaria), con una stessa tipologia di atti giuridici nelle diverse materie delle quali si hanno competenze. Gli Stati europei sono molto divisi fra di loro, vi sono fedeltà atlantiche secolari. La PESC si manifesta come una rottura del sistema come una insanabile falla. L'Art. 47 del TDU dice che l'Unione Europea ha personalità giuridica riprendendo la formulazione degli articoli corrispondenti delle comunità precedenti.

L'Unione Europea pertanto gode della personalità giuridica del diritto interno (oltre che internazionale) al fine di stipulare contratti: ogni Stato ha il suo provvedimento di riconoscimento della personalità. Mentre gli Stati in materia di Diritto Interno riconoscono costitutivamente personalità interna, per il diritto internazionale devono esistere due situazioni di fatto: sovranità ed indipendenza.

Se la sovranità si registra a chi agisce a nome proprio, che senso ha l'art. 47? L'interpretazione più accreditata prevede che sia stato scritto come auspicio. L'elemento ineliminabile della sovranità è l'esercizio di un potere su un popolo. Quando il trattato ci dice che le sentenze hanno forza esecutiva degli Stati, e quindi la forza si trova ad agire sotto il comando di una corte che sta in Lussemburgo. L'organizzazione ha una base sociale composita con una cittadinanza (che però è tale in quanto cittadinanza degli stati membri).

A partire dagli anni '60 la CEE ha stipulato trattati con Stati che avrebbero voluto divenire membri della CEE stessa, ma troppo deboli economicamente e commercialmente. L'accordo di associazione non veniva fatto dagli Stati membri col nuovo Stato, ma l'organizzazione con lo Stato. L'Unione Sovietica si è sempre rifiutata di stipulare trattati con la CEE: si è sempre rifiutata di riconoscere personalità giuridica non volendo considerare quindi la CEE come un'organizzazione esponenziale dell'Europa Occidentale.

L'Unione ha aperto in tutte le capitali del mondo una rappresentanza diplomatica ricevendo quindi il gradimento degli Stati. L'organizzazione europea non è un *tertium genus* ma è un soggetto di diritto internazionale *sui generis*. Il diritto internazionale di fronte alla violazione di norme vede l'attivazione dell'autotutela. La protezione diplomatica nel diritto internazionale prevede che il suddito di uno Stato che si trovi al di fuori del proprio Stato di cittadinanza viene tutelato nei propri beni.

Il trattato sul funzionamento dell'Unione prevede dall'art. 18 e ss. la cittadinanza. Il finanziamento funziona con un sistema particolare: il contributo cargosiderurgico, la dogana europea, trattenuta sull'IVA, PIL, (ed in ultimo luogo) il contributo obbligatorio. Sebbene l'organizzazione sia di nuovo genere è pur sempre costruita su una serie di trattati internazionali ma mutuando molto dà Diritto Federale: principio del riconoscimento reciproco (mutuo riconoscimento o di paese d'origine).

I beni prodotti e commercializzati entro uno Stato, se legali, possono circolare in tutti gli altri Stati membri liberamente. Il bene circola senza che sia modificato nel paese territoriale, e questo principio per le merci è stato recepito in altre branche: diritto civile, commerciale, penale.

5. Recesso dall'UE.

Se i padroni dei trattati sono gli Stati, sono questi a decidere chi entra e chi non entra nell'organizzazione, e non è quindi l'organizzazione a decidere chi entra e chi no. Questa autonomia non scalfisce la sovranità degli Stati. Se la Turchia entra o non entra, sebbene siano gli uffici dell'organizzazione ad aprire i negoziati sono sempre gli Stati a stabilire i criteri. Più giustamente dovrebbe parlarsi di ammissione e non già di adesione: gli Stati vengono ammessi e non già danno adesione.

Per motivi politici anche un solo Stato può bloccare l'ammissione col proprio veto (p.es.: Grecia vs Turchia). Arrivata la domanda, il Consiglio passa la domanda al Parlamento che si pronuncia politicamente e scrive un rapporto al Consiglio manifestando le perplessità d'ordine politico. Se il Parlamento rifiuta allora la domanda decade perché Commissione e Consiglio non possono più pronunciarsi. La Turchia non è dotata dei requisiti fondamentali in materia di diritti umani richiesti per poter essere ammessi.

Se lo Stato non si trova in Europa, esso non ha motivo di presentarsi; se ha un sistema penale che non rispetta i diritti dell'uomo, esso non ha motivo di presentarsi. Il Parlamento ha rifiutato la domanda, allora la Turchia ha abolito la pena di morte, riformato il Diritto Penale ed il Diritto Penitenziario ed il Parlamento Europeo quindi ha dovuto dare l'ok: il Consiglio avrebbe dovuto esprimersi all'unanimità, e così ha fatto: nella fase intergovernativa (diplomatica) si apre un tavolo e si negoziano le condizioni d'ammissione: quanto dura il periodo transitorio, entro quanto tempo si dovrà adattare il proprio regime.

La Turchia deve accettare tutto il Diritto dell'Unione Europea: deve riformare tutto il diritto con un lavoro imponente. Per scaglioni quello Stato deve adattarsi alle regole dell'Unione. Il Trattato è internazionale e multilaterale (Turchia e tutti gli altri Stati), e non già bilaterale (Stato e Organizzazione). La questione della Turchia ha suscitato una moltitudine di problemi: è il primo Stato a maggioranza musulmana con differenze in materia di diritti della donna ingenti.

I giuristi di tradizione musulmana dicono che noi siamo incapaci di comprendere la norma alla luce della nostra dotazione di valori. Il pluralismo è una situazione che non ammette la divergenza sui valori, ed invece tra UE e Turchia c'è troppa divergenza. La Turchia è nella NATO fin dal 1948 in quanto la Turchia è servita all'USA come ponte ("portaerei") per l'Unione Sovietica.

Il giudice italiano, nella misura in cui debba applicare la norma estera, cerca di trovare la soluzione migliore, la più vicina alle esigenze ed ai fondamenti del nostro paese. Nell'ordinamento degli Stati a maggioranza musulmana c'è un istituto: il *kafalah*[8] con cui un singolo o una coppia di adulti possono curare un minore senza però ch'egli prenda il cognome, senza entrare nell'asse ereditario. Poiché il giudice italiano potrebbe pregiudicare i diritti del minore, lo riconosce come adozione.

La democrazia non è tutta uguale dappertutto: alcuni ritengono che sia un fatto sostanziale, altri ritengono che sia un fatto procedurale (libere elezioni). Lo Stato membro essendo padrone della situazione può recedere unilateralmente conformemente alle proprie norme costituzionali. Il fatto che ci sia una norme che

---

[8] La Kafala o Kafalah (letteralmente *accoglimento*) è un istituto giuridico del diritto islamico. Attraverso tale negozio giuridico, un giudice affida la protezione e la cura di un minore ad un altro soggetto (detto *Kafil*) che non ne sia il proprio genitore naturale. Tale soggetto affidatario della kafalah, nella maggior parte dei casi, è un parente che curerà la crescita e l'istruzione del minore.

stabilisce il Diritto al recesso non fa cambiare nulla dal punto di vista sostanziale (Draetta sostiene una tesi opposta) poiché esiste nel diritto internazionale generale un norma chiamata *Rebus in stantibus*: è necessaria la nuova espressione di consenso qualora cambino le situazioni fondamentali.

L'elemento mercantile è divenuto uno dei componenti, e non più il primo della organizzazione. Nel '57 non si parlava di valori, ma si parlava di mercato comune e non di altro. Le situazioni sono cambiate radicalmente e già dal 1960 ogni Stato avrebbe potuto invocare la *Rebus in stantibus* poiché tutto era già diverso. Ciò che cambia con questa norma è la procedura in quanto è in vigore l'art. 50 in cui si stabilisce quali sono gli obblighi che lo Stato ha prima di recedere: informazione al **Consiglio Europeo**[9], stipulazione di un accordo internazionale (tra Stato e Unione).

Uno Stato potrebbe uscire dall'Unione ma restare in zona Euro (o altri prodotti dell'Unione). Ci sono altri

---

[9] Il Consiglio Europeo non è il Consiglio (a formazione ministeriale, anche un sottosegretario delegato, che lavora adottando atti giuridici con la procedura legislativa ordinaria)dell'organizzazione: è un altro organo che ha una composizione diversa perché è composto dai capi di Stato o di Governo ed è un organo di altissimo livello politico: fino a prima dell'ultima riforma (Trattato di Lisbona) neanche veniva considerato organo dell'Unione affianco al Consiglio, adottando anch'egli atti giuridici.

quattro Stati esterni all'Unione ma ad essa associati (Svizzera, Norvegia, Liechtenstein, Finlandia) che condividono solo il libero scambio.

Entrato in vigore il trattato negoziato lo Stato cessa di far parte dell'Unione, il Consiglio perde un componente, la Corte perde un Giudice, la Commissione perde un Commissario, il Parlamento perde una parte di rappresentanti. Lo Stato che ha chiesto il recesso può richiedere l'adesione.

6. Riparto delle competenze

L'art. 3 del TUE dà il principio dell'attribuzione delle competenze, le quali vengono conferite all'Unione dagli Stati, e non autonomamente. I diritti contenuti nella Carta di Nizza riguardano solo i casi attinenti all'Unione Europea ed alle sue competenze (e non in ambito dei singoli Stati). Il principio dell'attribuzione delle competenze è riferito al modo in cui è letto. Una volta esaurita la competenza lo Stato può proseguire l'ambito in esecuzione dell'operato dell'Unione: gli Stati vengono chiamati in causa per l'adempimento della competenza dell'Unione.

Quando negli anni '70 sono stati adottati dei regolamenti per abbattere capi di bestiame per ridurre la produzione casearia (troppa produzione di latte, burro, etc.), la prima iniziativa fu quella di controllare i capi, e l'UE conferiva premi a chi dismettesse le proprie stalle. Questo regolamento in Italia non ha avuto attuazione in quanto non c'era l'ufficio che ricevesse le prove della dismissione (ricezione delle code mozzate dei capi d bestiame).

Il trattato dell'UE si è dotato di un principio di sussidiarietà: nei settori che non sono di esclusiva competenza l'UE interviene soltanto se gli Stati da soli non riescono sufficientemente ad esercitare i poteri, quindi gli Stati hanno potenza concorrente. Il punto di partenza attuale è quello della democrazia effettivamente in cui il livello migliore sia quello più vicino ai cittadini (Comune, poi Provincia, poi Regione, poi Stato), ma sull'UE si ragione su due livelli (Stato, Unione): il principio democratico ci dice che lo Stato è più vicino al cittadino rispetto che l'Unione.

Ciascuno Stato organizza la propria rete di trasporti, d'informazione, etc. ma se ciascuno Stato si chiude in sé stesso non c'è comunicazione: è necessario che tutte le ventisette reti siano interoperabili. La dimensione dell'azione richiede l'intervento dell'Unione. La legge nazionale è per natura una legge territoriale, ma l'Unione può disciplinare in modo unitario all'interno di tutti gli Stati membri. Lo scrutinio sulla sussidiarietà non è fatto *a posteriori*, ma *a priori*: quando la commissione si pone il problema della regolamentazione si pone il test di sussidiarietà e di impatto.

Tale test deve verificare se l'azione è necessaria: valutazione della portata e degli effetti dell'azione. Una volta appurato che l'Unione deve necessariamente intervenire bisogna trovare lo strumento proporzionato all'obbiettivo. La prospettiva è quella dell'armonizzazione fra tutti gli Stati: il regolamento azzera le normative di tutti gli Stati e la sostituisce con una normativa unica. Uno strumento sproporzionato viene valutato negativamente in quanto manca del principio di sussidiarietà.

Il problema è a monte: l'Unione non viene in soccorso, ma decide prima d'intervenire o meno: se uno Stato non è capace di adempiere va di fronte alla Corte di Giustizia, e non riceve soccorso. La sussidiarietà è un principio strettamente federale ed è il criterio che regola la normazione tra Stato centrale e Stati federali. Nell'UE è però utilizzata frenando l'organizzazione stessa, gioca in un senso inverso rispetto agli Stati federali. Questo test di necessarietà e proporzionalità si trova all'interno dello strumento d'armonizzazione.

Questo principio trova un grande riscontro al § 3 Art. 4 su TUE e nell'Art. 117 Cost. L'Unione è una sintesi di Diritto Internazionale e gli Stati restano sovrani. L'Unione rispetta un principio di Diritto Internazionale e l'identità nazionale emerge in materia di riparto di competenze Stato-Regione. Si è voluto rispettare gli Stati nel sistema delle autonomie perché nell'ambito del Consiglio d'Europa una grossa enfasi viene messa sui principi di democrazia a partire dal principio democratico.

Nel trattato d'Unione sono appena entrati dieci Stati usciti dalla sfera d'influenza sovietica indirizzandogli quindi un messaggio politico col messaggio democratico. La PESC è una politica non dell'Unione europea, ma una politica accordata fra gli Stati. L'ordine interno è una questione che non riguarda l'UE. L'UE interviene con delle raccomandazione che indicano i protocolli da seguire, i sistemi di sicurezza, etc., ma non sono vincolanti poiché volte a unificare il sistema.

Anche l'Unione ha l'obbligo di cooperazione: quando l'organizzazione adotta un atto normativo sotto forma di direttiva indirizzato allo Stato stesso in modo tale da essere adempiuto. Lo Stato appena adempie con un atto interno invia la norma a Bruxelles. L'organo dell'Unione cataloga la norma sotto la voce "Italia": la Commissione deve essere edotta non solo sulla forma ma anche e soprattutto sulla sostanza della norma adottata (in adattamento) dallo Stato. E' soltanto la

Corte di Giustizia che ha l'esclusiva della interpretazione.

Il rinvio pregiudiziale è quello che il giudice compie inviando un caso alla Corte di Giustizia prima di giungere alla sentenza qualora si tratti di interpretazione della norme europea. Questo è un istituto tipico di leale collaborazione e se il giudice sbaglia, la Corte lo corregge. La Corte nel dare la sentenza insegna il giudice nazionale su come comportarsi.

Un'Unione divisa in pilastri si aveva anche perché le procedure decisionali erano diverse (codecisione ed intergovernativo). La competenza in materia commerciale ha due facce: intracomunitario ed internazionale. Il trattamento automatizzato dei dati è d'interesse non solo commerciale, ma anche e soprattutto di sicurezza, di polizia, etc.

7. Le fonti del Diritto dell'Unione Europea

La sussidiarietà opera in via preventiva o per tutti gli Stati, o per nessuno, ed il *test* viene fatto dalla Commissione al momento di assolvere il compito dell'iniziativa normativa in quanto rappresenta l'interesse dell'organizzazione, riempiendo le proposte di contenuti normativi. Il *test* valuta che tipo di atto e che tipo di norme devono essere utilizzate per il fine che si deve conseguire. Il procedimento d'inadempimento non avrebbe senso se la sussidiarietà fosse successiva: se la sussidiarietà giovasse a soccorrere lo Stato, il procedimento di (provvedimento contro il) inadempimento non avrebbe senso d'esistere.

Le fonti sono: la Carta di Nizza 7/12/2000 riadottata con adattamenti (nelle clausole finali, quelle che dispongono i rapporti fra la carta ed i diritti dell'uomo) il 12 Dicembre 2007 assieme al Trattato di Lisbona; la seconda fonte è maturata nell'ambito del Consiglio d'Europa, sta fuori dall'Unione Europea, è stata firmata nel 1950 e recepito nel 1955: è la Convenzione Europea dei Diritto dell'Uomo (CEDU). La terza fonte è la Convenzione di Ginevra del 1951.

La Corte Costituzionale tedesca nella sentenza Solange[10] ha detto che i diritti fondamentali sono patrimonio dell'Unione Europea ed il diritto di proprietà non è un diritto assoluto ma relativo, soggetto a *diminutio* nel suo esercizio per provvedimenti d'ordine pubblico: fino a quando l'ordinamento della CEE è in grado di tutelare i diritti fondamentali la

---

[10] Sentenza Solange i (1974): fintantoché il processo di integrazione non sarà tanto avanzato da prevedere un catalogo di diritti fondamentali, in caso di violazione di questi la corte si riserva di dichiarare l'atto comunitario costituzionalmente illegittimo.

Germania rispetterà tale ordinamento, ma quando la CEE non è più in grado di garantire questi diritti fondamentali la Germania ritratterà le condizioni d'appartenenza.

Quella dei controlimiti la nostra Corte Costituzionale dice essere solo un provvedimento teorico in quanto mai applicato, ma l'UE deve rispettare le sovranità nazionali. I diritti della persona erano tutelati però anche (sebbene in via pretoria) anche prima della Carta di Nizza, protetta dalle tradizioni costituzionali degli Stati e dalle dichiarazioni dei diritti dell'uomo. Nasce quindi un principio generale. Il principio generale nasce quindi dall'ispirazione di una consuetudine che ha due aspetti: opinio *iuris sive necessitatis* e *repetitio facti*.

Nell'UE c'è lo stesso procedimento del Diritto Internazionale in materia di creazione della consuetudine, e prima del 7/12/2000 i diritti fondamentali erano così tutelati. La tutela giuridica dei diritti dell'uomo era assolta dalla Corte di Giustizia CEE ed alla Carta di Nizza volevasi dare in vero una patente di democraticità. Il preteso *deficit* democratico al quale volevasi dare rimedio con la Carta fu causato dalla presa di decisioni con atti normativi presi non dà un parlamento, ma dà un Consiglio (organo di Stati). E' vero che i rappresentanti degli Stati membri sono legittimati democraticamente a prendere questi provvedimenti, ma chi punta il dito sul *deficit* democratico dice che chi prende questi provvedimenti fa gli interessi del Governo e non già del popolo data la democraticità molto mediata, molto indiretta.

Oggi con il procedimento di co-decisione si prevede la concorrenza di Parlamento e Consiglio per la normazione. Se l'UE interviene sempre più spesso nel terreno dei diritti fondamentali della persona si comprende la sua tutela con un manifesto politico. Questo atto ha anche una grande carica mondiale e riprende molti temi della CEDU e contiene anche diritti sociali e culturali. Dal momento in cui la Carta è stata adottata ha funzionato come provvedimento giuridico e non come manifesto politico in quanto venne utilizzata per risolvere di questi provvedimenti.

La Corte di Giustizia e le Corti nazionali hanno sempre utilizzato la Carta come criterio d'interpretazione delle norme ed interpretata negli Stati alla luce della Carta. Questa Carta scritta nel 2000 e adattata nel 2007 è stata utilizzata come un trattato. E' divenuta un atto giuridico vincolante d'origine pattizia: le disposizioni non hanno la forza di cambiare le competenze dell'Unione Europea. I diritti garantiti dalla Carta fanno parte delle Carte internazionali e sono affiancati ai diritti civili, politici, culturali, ed economici secondo una tecnica assolutamente nuova: i diritti civili e politici sono precettivi assieme a quelli costituzionali.

Proclamare il diritto di tutti all'elettorato attivo e passivo non è immediatamente azionabile: è necessario un provvedimento di legge elettorale ma con la Carta dei Diritti si utilizza un unico sistema di tutela predisposto dall'Unione Europea soggetta al sistema giurisdizionale della Corte di Giustizia della Corte Europea. I Diritti così elencati sono da distinguere in sei categorie e coperti da norme inderogabili di *ius cogens*: la dignità umana è inviolabile anche di fronte ai problemi della biotecnologia.

Nell'ordinamento dell'UE vige la convenzione di Ginevra che viene ripresa sulla Carta dei Diritti fondamentali ed ad essa appiattisce i diritti dei rifugiati di guerra e dei civili in stato di guerra, ma è una convenzione superata in quanto superata dopo la seconda guerra mondiale. Oggi non c'è più la persecuzione personale, ma c'è un problema di profughi, sfollati, e questo strumento non è più adatto. Le Carte internazionali non contengono tutti i diritti che contiene la Carta, nel senso che la Carta di Nizza è la più aggiornata.

Tutti gli uomini sono uguali davanti alla legge (inteso come diritto e non Legge in senso stretto), ed è vietata ogni forma di discriminazione: la lista sulla Carta di Nizza è meramente esemplificativa e non esaustiva. L'Unione rispetta la diversità linguistica, l'uguaglianza tra uomini e donne, i diritti del minore (l'interesse del minore è prevalente), degli anziani e dei disabili. Vale a livello europeo il principio *nec bis in idem* ed è una grandissima novità nel panorama internazionale. La CEDU è alquanto vecchia, tuttavia è uno strumento vivente ed è continuamente interpretata in virtù della Corte di Strasburgo rileggendo le norme e riempiendole di contenuti. La Corte di Strasburgo trovandosi di fronte alla CEDU, all'art. 8 ha protetto estendendo la tutela anche sul fronte del trattamento d'ambiti a quel tempo non ancora previsti (dati personali informatici).

Il destinatario di questi obblighi è il complesso delle istituzioni: nell'atto in cui le direttive vengono adattate non devono violare i diritti della persona rivolgendosi anche alle persone giuridiche (secondo Nicoletta Parisi). Il Consiglio Europeo constatando la violazione sospende dal diritto al voto nell'organi decisionale dell'Unione.

Nel 1993 viene eletto un partito politico in Austria di estrema destra che ha un programma politico razzista e xenofobo. L'UE non avrebbe potuto prendere alcun provvedimento in quanto non c'era alcuna violazione, allora tutti gli altri Stati hanno interrotto le relazioni diplomatiche ritirando gli ambasciatori. L'Unione disse a quello Stato: "Attento, il tuo programma rischia di far espellere l'Austria dalla Comunità Europea". Il diritto dell'Unione si arricchisce dei principi costituzionali degli Stati, e la commistione ritorna negli Stati.

8. Violazione della Carta di Nizza e della CEDU

Se c'è una violazione della Carta di Nizza interviene la Corte di Giustizia (assieme al Tribunale, al Tribunale della Funzione Pubblica) sebbene potrebbero intervenire corti specializzate istituite *ad hoc* giovando a sgravare la Corte di Giustizia. Ai sensi dell'art. 19 n.1 del Trattato di Unione dell'UE la Corte di Giustizia ha giurisdizione esclusiva. Chi altri può violare i diritti dell'uomo oltre alle istituzioni? Gli Stati. Gli Stati nel trasformare una direttiva o una decisione quadro in legge introducono norme di attuazione che non tutelano i diritti dell'uomo. Allora si apre il procedimento d'inadempimento per cui la Commissione o i legittimati attivi di uno Stato membro possono trascinare lo Stato di fronte alla Corte di giustizia.

Oltre a questo procedimento giurisdizionale c'è anche un procedimento politico in cui il Consiglio esclude dal diritto al voto. Questo è quanto succede in caso di violazione di un principio della Carta di Nizza. Quando viene violata la convenzione europea viene attivato un sistema di tutela sussidiario; quarantasette Stati fanno parte del Consiglio d'Europa che hanno sottoscritto la Convenzione. Chi subisce la violazione da uno Stato esaurisce tutte le vie di ricorso interne. Ogni persona soggetta alla giurisdizione di una parte contraente ha diritto alla tutela di quanto scritto sulla convenzione.

I diritti dell'uomo sono un patrimonio indivisibile dell'umanità, e la Corte istituita dall'art. 19 (di Strasburgo) dichiara ricevibile il ricorso dal soggetto che sia stato assoggettato a violenza dagli artt. della Convenzione dopo aver cercato di trovar soddisfacimento mediante i ricorsi interni. I diritti sono individuali, civili e politici, di prima generazione, non collettivi (ambientali, sociali o economici), sono diritti fondamentali.

Esiste il ricorso interstatuale, ma ci si rivolge sempre alla Corte di Giustizia. Le due vie di ricorso sono quella della Corte del Lussemburgo (se si tratta di Diritto dell'Unione Europea) e quella della Corte di Strasburgo (se si tratta di violazione dei diritti dell'uomo) la quale sentenza è vincolante per lo Stato ed inappellabile, lo Stato deve modificare il proprio ordinamento al fine di adattare il proprio diritto alla

Convenzione e risarcire quando necessario il soggetto leso.

Il Belgio ha dovuto riorganizzare il sistema scolastico al fine di rispettare il principio della parità di trattamento (nel caso in questione relativamente alla lingua). L'Italia ha dovuto tradurre l'art. 6 (sull'equo processo) in linguaggio costituzionale italiano. Queste sentenze sono effettive, ma se lo Stato non le esegue cosa succede? La Convenzione dice che il sistema di controllo è attribuito al Comitato dei Ministri (organo del Consiglio d'Europa, quindi politico), il quale verifica, provvede e verbalizza l'adempimento o il mancato adempimento delle sentenze; la sanzione ultima è l'espulsione (ad oggi mai applicata).

La logica è quella di creare un sistema di controllo esterno di ciascuno Stato, ed ove questi falliscano sussidia il sistema extrastatale. La Corte di Giustizia dell'UE dichiara nullo quell'atto che è in violazione della Convenzione, ma essa non ha un controllo esterno. Se l'UE viola i diritti dell'uomo in astratto non ci sono meccanismi di giurisdizione in quanto la Corte ha giurisdizione sugli Stati. L'UE si comporta come un ente di Governo sebbene non sia uno Stato.

La Corte europea dei Diritti dell'Uomo è stata scomodata anche quando l'Unione non era parte contrante con un *escamotage* con una sentenza (Matthew). Per volontà dell'UK Gibilterra non aveva diritti politici e gli altri Stati hanno dato il beneplacito. La Corte europea sui Diritti dell'Uomo ha detto che gli Stati parti erano tutti colpevoli di non aver riconosciuto diritti politici alla circoscrizione di Gibilterra, e quindi le sentenze della Corte sono riuscite a colpire direttamente gli Stati parti, indirettamente l'UE.

Le istituzioni vengono affrontate sul trattato dell'UE e non sul trattato sul funzionamento, e si chiamano istituzioni in quanto godono di uno statuto privilegiato con più poteri degli altri organi ed hanno poteri d'azione di fronte alla Corte di Giustizia. Le quattro istituzioni politiche sono: Parlamento europeo, Consiglio, Consiglio Europeo e Commissione. Il Parlamento europeo è un organo politico di rappresentanza dei cittadini degli Stati membri all'interno del quale il titolo di rappresentanza è politico, ci si organizza su partiti politici e non partiti nazionali.

Nel Consiglio europeo siedono i capi di Stato e di Governo, invece nel Consiglio siedono i ministri, i sottosegretari e altri funzionari. Il Consiglio europeo è il motore politico dell'Unione e dà ad essa gli impulsi necessari dal punto di vista economico politico. Il Parlamento è formato da 750 rappresentanti ed esercita la funzione legislativa e di bilancio. Il Consiglio esercita assieme al Parlamento la funzione legislativa e di bilancio come una "Camera Statale" (sul modello del

Senato degli Stati Uniti in cui vi sono rappresentanti degli Stati).

Il quarto organo politico è la commissione composta non di Stati ma di individui che sono nominati in virtù delle proprie competenze e delle garanzie d'indipendenza rispetto ai governi lavorando a titolo individuale, nella commissione l'interesse rappresentato è quello dell'organizzazione. L'interesse dell'UE è diverso da quello dei singoli Stati, *uti universi*, considerandoli collettivamente. La direttiva 115/2008 aveva termine d'adempimento entro il 23/12/2010 mettendo in piedi un sistema di rimpatrio volontario privilegiando il consenso e soltanto in ultima istanza consente che lo Stato rimpatri obbligatoriamente gli indesiderati nel rispetto di certe procedure.

L'Italia non ha tramutato la direttiva in Legge, e la Legge Bossi-Fini (94/2010) non è d'adempimento della direttiva introducendo il reato di immigrazione clandestina. Il 24 di Dicembre 2010 i giudici si sono trovati di fronte ad una situazione paradossale: non si può applicare la Bossi-Fini in quanto in contrasto con la direttiva 115/2008, e nessun'altra in quanto sarebbe *contra legem*.

Queste norme contenute nella direttiva sono state introdotte dalla Commissione in prospettiva garantista dei diritti della persona (e non repressiva).

La Banca centrale europea è colei che batte l'Euro facendo venir meno l'autonomia monetaria degli Stati parti, e la Corte dei Conti controlla il bilancio dell'organizzazione. Il Trattato di Lisbona ha istituito un organo politico delle relazioni esterne dell'Unione: alto rappresentante d'affari esteri. Poi vi è un Presidente dell'Unione che ha un mandato di trenta mesi ricoperto a turno dagli Stati membri. Il Parlamento Europeo è assistito da due Comitati consultivi, obbligatori, ma mai vincolanti: economico e sociale (p.es.: sindacati), e delle regioni (regioni italiane, *lander* tedeschi, circoscrizioni autonome spagnole, etc.): i contenuti emergono dal loro titolo di rappresentanza.

9. Agenzie e giustizia dell'UE e Fonti.

Con l'EuroJust vi è cooperazione tra i giudici penali tra i ventisette Stati europei mediante mandato d'arresto, confisca, etc. con modalità di lavoro allo scopo di fare giustizia in fretta, in quanto una giustizia lenta non è effettiva giustizia. L'EuroPol è un altro mezzo di cooperazione, ma dal punto di vista della polizia: l'eliminazione delle frontiere interne facilita la circolazione della moneta cattiva, dei terroristi, dei malfattori, ed i controlli possono essere fatti solo per giustificato motivo, e nascono tantissime esigenze tra le varie polizie nazionali prevedendo l'esistenza di squadre investigative comuni all'interesse di più Stati membri.

La legge è territoriale, non può entrare in altri Stati, ma internet è una rete internazionale. Frontex dovrebbe pattugliare le coste dell'UE, che è composta da navi della marina di alcuni Stati. Montesquieau pensò alla divisione dei poteri al fine di garantire la democrazia. L'esigenza che si pone nell'UE è opposta a quella che esiste in uno Stato: bisogna commistionare il potere al fine di garantire la tutela di tutti i cittadini degli Stati membri. Gli organi dell'UE devono agire in autonomia dagli Stati, ed il meccanismo d'adozione degli atti normativi deve rispondere a questa esigenza, e bisogna che l'atto sia l'espressione di tutti gli interessi rilevanti per l'UE come quello di ciascuno Stato, quello del gruppo degli Stati, e quello dei cittadini che hanno diritto alla rappresentanza. L'atto dell'UE è frutto di tre volontà concomitanti che devono sempre essere presenti.

Se gli atti dell'UE fossero come quelli dell'ONU sarebbe non interindividuale: nell'UE esistono atti che raggiungono direttamente gli individui (regolamenti) adottati da Consiglio e Parlamento congiuntamente. E' logico che un'attività normativo di questo tipo deve avere un giudice, non si dà atto normativo non ricorribile e che non si possa impugnare. Nell'ONU non è necessario un giudice, ma occorre un giudice quando l'atto UE colpisce l'individuo.

Il diritto dell'Unione Europea è gestito giudizialmente da un giudice comune perché il presupposto è quello che il diritto venga applicato in modo uniforme in tutti gli angoli diversi dell'UE. C'è un atto della Comunità Europea che si chiama Regolamento 44/2001 sulla giurisdizione, riconoscimento, ed esecuzione delle sentenze in materia civile e commerciale: mutuo riconoscimento. Il problema si è posto nell'allocuzione della denominazione del regolamento. Avere una Corte di Giustizia è stato utile nel chiarire il significato di civile e commerciale del diritto dell'Unione elaborando una nozione comune, un concetto proprio, motivo per il quale è necessario che ci sia un giudice sovranazionale con sentenze vincolanti per i giudici nazionali.

I trattati che istituiscono questa organizzazione sono i trattati di Diritto Internazionale generale, quindi le fonti sono di Diritto Internazionale. Questa situazione attuale convenzionale dev'essere arricchita da talune considerazioni: allegati ai trattati ci sono dei protocolli, dichiarazioni, etc. Tutti questi documenti spartiscono la natura di trattato che hanno i due trattati: al di là del nome che assume l'atto è pur sempre un accordo. Questi due trattati sono il frutto di successivi trattati che si sono sedimentati negli anni a partire dal 1951. Sono interpretati sulla base delle norme di Diritto Internazionale generale come codificate nella Convenzione di Vienna del 1969 sull'interpretazione dei trattati.

La procedura ordinaria è destinata a modificare le parti fondamentali dei trattati, quelle che disciplinano le competenze dell'Unione. La procedura ordinaria parte da un solo Stato membro, o dal Parlamento Europeo, o dalla Commissione allo scopo di prendere provvedimenti che modifichino il trattato. Tali progetti vengono trasmessi dal Consiglio al Consiglio Europeo. Se il Consiglio Europeo si esprime favorevolmente dopo aver sentito il Parlamento e la Commissione, il Consiglio Europeo può decidere però di non convocare la *Convention*, ma una volta che essa abbia lavorato si riunisce la conferenza dei rappresentanti dei Governi, e terminata la fase istituzionale inizia quella diplomatica. I plenipotenziari (quei rappresentanti degli Stati ai quali gli stessi Stati hanno conferito i pieni poteri di rappresentanza) stabiliscono le modifiche al trattato e firmandolo congelano il procedimento di revisione del trattato; ciascun plenipotenziario congelato il trattato, lo porta a casa dove mediante le proprie procedure costituzionali (di scongelamento) si attua.

Questi accordi funzionano come se fossero una costituzione perché servono da parametro di conformità al trattato e si può utilizzare il concetto di costituzione anche per questi trattati. Le costituzioni (ancorché lunghe) sono pur sempre molto più brevi dei due trattati in questione che contengono pure norme di dettaglio. I trattati sono interpretati dalla Corte di Giustizia *ex* art. 19 n.1, ma di questi trattati la Corte perde ogni dominio sulla loro legalità in quanto di Diritto Internazionale generale e non meramente dell'Unione. Se uno Stato pretende che un accordo sia invalido non lo applica come difesa dall'illegittimità dell'atto.

L'art. 6 del Trattato § 3 dice che i principi fondamentali fanno parte dell'ordinamento dell'Unione che sono seconda fonte: sono di varissima natura con varissimi contenuti e nascono da fonti diverse: regimi civilistici dei vari Stati, principi di *ius cogens* internazionale generale, diritto pubblico dei vari paesi. La seconda categoria di fonti (chiamate di Diritto Derivato) derivanti dal Trattato. Le istituzioni nel loro funzionamento concreto hanno dato vita ad atti tipicamente atipiche, p.es.: le conclusioni. Questi atti di diritto derivato, che si distinguono in atti tipici ed atipici non sono assimilabili al trattato, sebbene i trattati delle istituzioni sono chiamati di diritto derivato.

10. Competenze internazionali

La sentenza 22/1970 (31/03/1971) racconta che la Francia stava stipulando un accordo di trasporto di merci su strada con il Marocco. Il consiglio considerava che la Francia avesse la competenza a stipulare questo accordo. E' sorto un contenzioso sulla competenza in cui si riteneva che gli Stati entrati nella CEE avessero perso la competenza a stipulare trattati di questo genere.

La Corte ha fondato con questa sentenza un principio fondamentale: il parallelismo delle competenze. Fu ragionato in termini sostanziali e teleologico: talvolta strumenti di cooperazione internazionale sono funzionali al fine dell'esercizio della competenza interna, ed ove il trattato non escluda la competenza internazionale lo si consideri implicito. Con questa sentenza la Corte ha stabilito che la Francia non poteva stipulare l'accordo bilaterale, poi stipulato dalla CEE col Marocco.

Una delle conseguenze prevedeva che all'esistenza di una competenza interna bisognava creare una competenza internazionale. Il Parere 1/76 a proposito del fondo d'immobilizzo per la gestione delle acque fluviali interne la Corte si è corretta dicendo: non importa rispettare la scansione di creare prima la competenza interna e poi quella internazionale, ma di comportarsi le caso di specie intervenire con un una competenza internazionale immediatamente senza aspettare all'attivazione della competenza interna.

L'UE può esercitare competenze internazionale anche in mancanza delle stesse interne sempre che questo non sia vietato. L'art. 288 stabilisce le categorie degli atti dell'organizzazione sebbene non presenti gli atti internazionali: la soluzione che dà la corte è diversa dicendo che la norma sulle fonti (art. 288) individua gli atti tipici, poiché vi è una congerie di atti atipici fra cui quelli internazionali. La decisione è un atto unilaterale interno per l'attuazione degli atti internazionali.

La fantasia della CEE a partire da questa norma si è sviluppata a tutto campo: si è sviluppata una congerie di accordi internazionali anche laddove non era previsto dal trattato istitutivo dell'organizzazione. Si autorizza l'organizzazione in modo esplicito a stipulare trattati internazionali. Gli accordi d'associazione sono accordi internazionali stipulati dall'UE con Stati terzi con due funzioni differenti: l'appartenenza ad una od all'altra categoria (prevista dall'art. 218) non varia: da una parte si hanno accordi stipulati con uno Stato europeo che desiderando essere ammesso all'organizzazione necessitava di un periodo di praticantato per impratichirsi alle regole UE; la seconda categoria è quella degli Stati che non fanno parte dell'Unione Europea.

ACP significa Africa – Caraibi – Pacifico: paesi di queste tre aree fanno parte di questo accordo con la creazione di talune formule tariffarie privilegiate. Oggi il panorama delle relazioni internazionali dell'UE si può dividere in due categorie: quelle politiche (prima chiamate PESC) riguardanti la sicurezza degli Stati dell'unione, e quelle commerciali, ambientali, economiche, etc. L'UE ha approvato i provvedimenti sulla biodiversità e sono stati presi altri accordi su altre materie compatibili con l'UE. Questi accordi hanno una forza assai importante in quanto si dice nel trattato che questi hanno effetti vincolanti per gli Stati membri oltre che per l'organizzazione e lo Stato membro è vincolato con gli accordi stipulati dall'organizzazione.

Le competenze sono esclusive, concorrenti, etc. Il commercio è una tipica competenza esclusiva e solo l'organizzazione può stipulare questo accordo: per questo tipo di accordi ci sono 28 parti oltre a quelle parti terze: i 27 Stati (se vogliono stipulare) e l'organizzazione. Gli Stati terzi sono certi in caso di competenza concorrente che tutti questi 28 parti sono fedeli sulla base del fatto che esiste la Convenzione di Montego Bay: questo accordo universale si occupa di navigazione, risorse biologiche, piattaforma continentale, archeologia, ambiente; questa Convenzione sostituisce quelle precedenti ma non regola la disciplina delle limitazioni marittime: al momento della firma gli Stati e l'allora CEE (nove Stati) redigono un elenco intestato all'organizzazione in cui essa dichiara quali materie ricadono nella sua competenza che va allo Stato che tiene le ratifiche del trattato.

Questo trattato ha effetti per l'EU e per gli Stati membri e bisogna considerare gli stessi criteri utilizzati per stabilire se un atto interno dell'unione sia capace di produrre effetti diretti oppure no, quindi gli stessi criteri per sapere se una norma arriva direttamente al singolo tale che il singolo può impugnarla davanti ad una corte nazionale o internazionale in base al riparto di competenze.

Quando gli Stati stipulano un accordo internazionale si vincolano tra loro senza vincolare Stati terzi, ma se il trattato insiste su una materia concorrente lo affidata agli Stati ed alla organizzazione. All'atto della firma di Montego Bay sottoscrivono dieci enti (9 Stati più la CEE) con un atto che riparte le competenze puntualmente.

L'organo intorno al quale ruota l'intera procedura è il Consiglio: l'autorizzazione di questo avviene dopo che la Commissione o l'alto rappresentante invii una raccomandazione al Consiglio, l'alto rappresentante quando l'accordo è di respiro politico, la Commissione quando è di materia commerciale, economica, altro. Una volta che il negoziato stia per chiudersi il

Consiglio può autorizzare la forma dell'accordo: esso non è vincolante e la forma è un atto politico. Il plenipotenziario ha i pieni poteri per negoziare e firmare ma non per stipulare in quanto la competenza a stipulare è degli Stati nazionali.

L'accordo non è vigente fra le parti contraenti ma lo è come atto interno: dopo la forma c'è la fase della conclusione (quello che nel nostro ordinamento si chiama ratifica). Nell'ordinamento italiano il procedimento consiste nella pronuncia delle due camere con due norme: l'autorizzazione del Capo di Stato (Responsabilità internazionale), la legge del Parlamento (ordine d'esecuzione). Il Consiglio delibera l'autorizzazione dell'accordo con la quale si ha l'adesione, ma non la ratifica. L'accordo può necessitare di norme di esecuzione in forma specifica.

La decisione del consiglio con la quale si conclude l'accordo può essa stessa contenere norme di dettaglio che rendono possibile l'adempimento al fine d'evitare inadempimenti. Prima del procedimento di conclusione il Parlamento deve pronunciarsi per l'approvazione dell'accordo per talune materie e con un semplice parere per altre.

Un'altra norma significativa che prevede il vincolo anche per gli Stati che abbiano deliberato contro l'approvazione, ma il criterio dell'unanimità è prevista comunque per quei casi previsti dal TFUE: in materia di diritto di famiglia e legislazione minorile è richiesta l'unanimità del Consiglio.

11. Atti normativi della CEE e dell'UE

Fra i legittimati attivi v'è il Parlamento Europeo a chiedere alla Corte europea circa la compatibilità di un accordo previsto in corso di negoziato. Questa norma ha p.es.: impedito con parere reso l'8 Marzo 2011 l'esecuzione di un progetto d'accordo di soluzione comune in materia di controversia su brevetti. A motivo dell'evoluzione delle competenze i brevetti sono entrati a far parte delle competenze dell'UE. Il Consiglio dell'UE ha chiesto un parere e la Corte si è pronunciato nel senso che ove venisse costituito questo tribunale ci sarebbe una diminuzione dei poteri della Corte stessa.

La Corte di Giustizia è giudice esclusivo in materia d'interpretazione dei Trattati, ed in caso di parere negativo della Corte questo non può entrare in vigore. Il contenuto negativo ha un effetto vincolante per gli Stati: l'obbligazione consiste in una scelta che viene lasciata agli Stati che possono aprire un negoziato di revisione del Trattato stesso.

Nel passato c'è stato un parere (28 Marzo 1996 - 2/1994) che riguardava sempre una questione presentata dal Consiglio relativa ad una situazione astratta "se, aprendo un negoziato dell'adesione dell'UE alla CEDU, fosse compatibile tale atto con il diritto contenuto nel TUE". La Corte ha impiegato due anni per rispondere dicendo che allo stato dei fatti e delle norme del diritto nessuna norma era capace di fondare le competenze dell'unione sulla tutela generalizzata dei diritti dell'uomo. Non esistendo quella competenza non esiste la competenza sull'accordo internazionale in tal senso.

Se l'UE aderisse alla CEDU allo stato attuale la Corte di Giustizia non sarebbe più l'ultimo giudice per la tutela dei diritti dell'uomo. Oggi gli Stati hanno deciso di creare una base giuridica per l'adesione dicendo che l'UE aderisce e si fonda sulla CEDU. Viene messo a sistema il rapporto fra le due corti. La regola del previo esaurimento della giustizia interna risponde a questa esigenza. La responsabilità si consolida quando l'unica via è il controllo esterno della corte e non c'è più modo interno per trovare giustizia (esaurite le vie di giustizia interna).

Questo nodo politico è una questione assai faticosa da risolvere e tutto il negoziato si gioca intorno a quest'unico problema: non si capisce come fare a mantenere l'esclusività della Corte di Giustizia: si sta studiando un rinvio a giudizio. La competenza interna attribuita all'UE è il nostro diritto alla riservatezza a fronte di quell'attività che prende il nome di trattamento automatizzato dei dati personali che è un'attività che incide sulla sfera di riservatezza. Questo è contenuto all'art. 7 della Carta di Nizza sulla tutela dei diritti personali.

Quando nel 2001 si è sviluppato il fenomeno del terrorismo transnazionale, l'UE e l'USA, nella spinta della cooperazione, hanno accordato bilateralmente una collaborazione in materia penale, ed hanno anche condiviso informazioni sulle persone (Dati personali, informazioni sensibili). Nella cultura europea i dati sensibili non possono essere trattati, ma in USA si: dieta, cultura, religione, politica, etc. Questo trattamento dei dati è in funzione anti terrorismo internazionale. Il Consiglio ha avviato i negoziati secondo la procedura di allora di stipulazione dell'accordo.

Il Parlamento europeo ai sensi di un articolo (Art. 263 che stabilisce che gli atti viziati possono essere dichiarati nulli dalla Corte) ha presentato di fronte alla Corte l'atto soggetto a dubbio di legittimità: il Parlamento è partito dal concetto che se si stabilisce che i dati sensibili non possono essere trattati si può derogare solo per casi eccezionali, ma la Corte ha negato che questo tipo di accordo fosse capace di violare il diritto dell'UE, nonostante che in una direttiva del 1995 vi fosse un articolo che vietasse tali accordi con Enti che non tutelassero almeno in modo maggiore o uguale a quelli dell'UE.

La Corte ha verificato che la procedura utilizzata era esattamente quella scritta nell'art. 300 di allora facente parte del Trattato sulle Comunità Europee, quindi in materie commerciali e non quelle penali. La Corte ha ammonito il Consiglio per la base normativa scelta: bisogna scegliere la procedura giusta, quella relativa alle materie penalistiche. Con sentenza del 30 Maggio 2006 la Corte ha dichiarato nulla la decisione con cui il Consiglio faceva aderire l'Unione a questo accordo, ed oggi l'accordo è in vigore sotto però un'altra procedura.

Quel principio di coerenza oggi richiede una minore attenzione in quanto in questo Trattato le due procedure per stipulare accordi internazionali sono accomunate in un'unica norma: "[...] la commissione o l'alto rappresentante [...]". In presenza dei tre pilastri, le norme avevano delle corrispondenti forme di produzione normativa con produttori differenti, p.es.: nella GAI era solo il Consiglio. Questa operazione d'unificazione è avvenuta a spese del terzo pilastro: la norma sulla produzione normativa ha coperto quelle del terzo pilastro. Sono sparite le decisioni quadro per essere sostituite dalle direttive, le convenzioni sono state sostituiti dai regolamenti, e sono state estese le decisioni; vi sono anche i pareri e le raccomandazioni.

Questi sono gli atti tipici. Gli accordi internazionali sono atti dell'unione ma non sono elencati nel trattato come atti tipici. La Corte tratta gli atti UE con una prospettiva sostanzialista e non formalista: il giudizio circa l'atto viene fatto sulla base dell'effetto e non sulla base del nome.

Se alla Corte viene presentato un atto chiamato Misura, ma ha effetti vincolanti, viene trattato come tale. Il regolamento si qualifica per tre caratteristiche: ha portata generale (a portata astratta) e non individua una categoria in particolare, ma astratta e generale (come le Leggi del Parlamento o i Decreti del Governo in Italia). Il regolamento è obbligatorio in tutti i suoi elementi, è sede di norme vincolanti e come tale deve essere apprezzato, e le persone alle quali il regolamento è indirizzato sono gli individui, i cittadini degli Stati membri.

Si ha un fenomeno che nel Diritto Internazionale accade molto raramente, ma che nell'UE accade molto spesso che prevede lo scavalcamento della sovranità statale. La parte seconda dell'art. 11 Cost. accetta limitazioni di sovranità al fine di mantenere la collaborazione internazionale che sia funzionale per una organizzazione internazionale volta alla pace fra i popoli purché ci sia parità con le altre parti contraenti.

Nell'ordinamento UE è frequente il fenomeno dello scavalcamento con il regolamento comunitario e gli Stati hanno l'obbligo d'astensione dell'esecuzioni dei regolamenti, e obbligati a togliere norme dall'ordinamento che limitano il libero dispiegamento degli effetti dei regolamenti comunitari. Un modello completamente diverso dal regolamento è la direttiva: questa si indirizza a uno, più o tutti gli Stati, il modello contiene un risultato da raggiungere e taluni principi comuni utili a raggiungere il risultato. La direttiva contiene un obbligo per lo Stato e non per i cittadini: sono gli Stati che andranno ad adempiere mediante un atto di normazione interna. La direttiva è una norma di armonizzazione, e gli Stati per proprio conto e per propri mezzi possono raggiungere l'obiettivo col tipo di atto preferito: gli Stati scelgono la forma, il contenitore, ma l'UE la sostanza, il contenuto.

Questo avviene perché può avvenire che gli Stati già stiano provvedendo al riguardo con propri mezzi, e quindi si lascia questa libertà per non prevaricare le norme nazionali. Quando la direttiva non richiedeva grandi operazioni normative la Corte di Giustizia ha detto che la direttiva deve comunque essere adempiuta mediante un atto. Secondo il principio di leale collaborazione si è affermata la prassi che ciascuno Stato deve notificare alla Commissione che è guardiana dei trattati i provvedimenti che adotta in adempimento delle direttive in modo che la Commissione possa farsi il proprio fascicolo.

Lo Stato membro contro il quale la Commissione ricorre poiché è inadempiente, viene trascinato davanti alla Corte e sanzionato con una multa, pagando una penale.

Nelle materie penalistiche è difficile poter provvedere con regolamento: c'è un principio di legalità ristretta in materia penale in Italia, ed un atto UE di materia penalistica viene adattato non già con un regolamento ma con una direttiva che arrivando agli Stati li obbliga all'adempimento. L'art. 25 Cost. §2 prevede competenza esclusiva del Parlamento italiano in materia penale pertanto non sono ammessi regolamenti UE.

La procura europea dovrebbe svolgere la funzione di una procura ma a livello transnazionale e non solo nazionale, quindi con poteri enormi, la quale sarebbe l'evoluzione di EuroJust. Un eventuale regolamento organizzerebbe la procura ma non la istituirebbe.

12. Atti dell'UE e *Nomen iuris*

Esiste una direttiva generale sul riconoscimento dei diplomi superiori a tre anni di studio sul principio della libera circolazione alle condizioni del paese d'origine. Una volta che si ha il titolo di Dottore in

Giurisprudenza si può divenire Avvocati in qualsiasi Stato Europeo, ma in Spagna si diviene Avvocati con una "fatica minore" (sebbene vi sia la barriera della lingua).

Siccome il Diritto dell'Unione Europea entra nel nostro ordinamento in virtù dell'art. 11 della nostra Costituzione, allora esso è costituzionalizzato da questa norma: sarebbe pertanto inutile dare attuazione alle direttive con Legge Costituzionale: è sufficiente la Legge ordinaria per dare giusta attuazione delle direttive UE. Talune direttive (anche in materia agricola) in realtà avevano norme capaci direttamente di indirizzarsi agli individui e non già gli Stati.

Per il Diritto Internazionale una norma *self executing* ha due caratteristiche, una internazionale (completezza, senza dare alcuna discrezionalità d'interpretazione, che dà obblighi di *standstill*[11]), ed una nazionale (direttamente applicabile ai cittadini). Non è *self executing* quella norma che deve prevedere una interpretazione ed una mediazione statale di completezza.

---

[11] Norma che stabilisce obblighi negativi: art. 28 del TFUE: "L'Unione comprende un'unione doganale che si estende al complesso degli scambi di merci e comporta il divieto, fra gli Stati membri, dei dazi doganali all'importazione e all'esportazione e di qualsiasi tassa di effetto equivalente, come pure l'adozione di una tariffa doganale comune nei loro rapporti con i paesi terzi."

L'Italia non ha adempiuto alla direttiva 115/2008, ed ex art. 258 TFUE verrà avviata una procedura disciplinare contro l'Italia. La Legge Bossi-Fini non è più applicabile in quanto contrastante con la Direttiva sopracitata. La Corte di Giustizia ha ricavato che la direttiva 115/2008, contenendo norme di *standstill*, automaticamente diventa direttamente applicabile, ed il diritto costituito in capo agli individui (in questo caso stranieri) è direttamente azionabile.

Sorge il dubbio: come fa una direttiva a comportarsi da regolamento? Si risponde con l'art. 263 del TFUE. L'Italia perché non può impugnare quest'atto alla Corte di Giustizia? Perché la Corte (come ogni migliore Corte Suprema) adotta un approccio non formalistico ma sostanziale: stabilisce che gli atti devono essere valutati non già dal loro *nomen* ma dagli effetti prodotti.

Se la direttiva contiene norme che hanno portata regolamentare queste vengono considerate come norme precettive (quindi come se fossero regolamenti), ma le norme che comunque hanno disposizioni programmatiche vengono considerate così come il *nomen* le denomina. Tutto ciò viene consentito dagli Stati quando il Trattato lascia libere le istituzioni di questi di adottare liberamente qualsiasi atto volto ad applicare la direttiva.

L'art. 82 del TFUE tratta della cooperazione degli Stati in materia di Diritto Penale processuale e sostanziale. Gli Stati che hanno fatto il trattato hanno scelto che le norme minime devono stare in atti vincolanti programmatici (direttive). La direttiva può contenere norme che corrispondono altri modelli normativi sempre senza violare il TFUE. Quella che oggi si chiama Direttiva, precedentemente si chiamava Decisione Quadro.

La portata delle Decisioni è individuale: sono dirette a persone o Stati determinati ed hanno la stessa valenza del regolamento per cogenza: serve amministrativamente per indirizzare un comando ai soggetti del Diritto dell'Unione Europea. La Commissione è la guardiana dei Trattati non solo in materia di regolamenti, adotta una disciplina di delega, ha poteri regolamentari autonomi, ma soprattutto in virtù della sua posizione opera un controllo individuale dei soggetti individualmente considerati rivolgendosi ad essi con determinazione.

Nel Diritto della Concorrenza quando la Commissione trova una delle quattro grosse violazioni, essa si rivolge al soggetto con una decisione. Il § 4 dell'art. 288 termina la lista degli atti vincolanti; dal § 5 si hanno gli atti non vincolanti (raccomandazioni, pareri, etc.). Gli atti sono quindi cinque soltanto. Gli atti atipici vengono trattati dalla Corte allo steso modo (sostanzialmente): alcuni sono sparsi per il Trattato come p.es.: all'art. 258 viene detto che quando la Commissione […] esprime un "parere motivato", che non è un semplice "parere"; il "regolamento di procedura" delle istituzioni, etc.

13. *Iter legis*

Se è vero che l'Unione si fonda su valori comuni agli Stati e deve rispettare l'unione politica degli Stati, ci si domanda quindi se gli Stati possono modificare i Trattati: è possibile pensare che un principio generale dell'ordinamento possa essere modificato dagli Stati? La ratio dell'UE ci dice che però ci sono dei principi immodificabili da parte degli Stati. La procedura legislativa ordinaria prevede che Consiglio e Parlamento (codecisione) adottano i provvedimenti: questa è affiancata da due procedure speciali che danno maggior peso al Consiglio o al Parlamento, ma la procedura ordinaria è la regola.

Le norme di diritto derivato vengono proposte da Commissione, Istituzioni, Parlamento, Consiglio, ed altri, ma la Commissione è l'organo che maggiormente sfrutta l'iniziativa normativa: precedentemente erano gli Stati a proporre le norme da votare, ma ad oggi questa prassi "statale" è andata in desuetudine. Un milione di persone, cittadini degli Stati membri possono proporre una norma: hanno diritto d'iniziativa normativa.

Gli articoli 10 ed 11 TFUE si riferiscono alla rappresentanza democratica: l'art. 10 dice che Parlamento e Consiglio sono manifestazione di democrazia rappresentativa: il Parlamento formato da cittadini eletti a suffragio diretto rappresenta i cittadini membri dell'Unione; il titolo di rappresentanza democratica del Consiglio è differente: precedentemente lo si considerava antidemocratico, ma oggi il dilemma si è chiarito dicendo che il Consiglio è un istituzione di rappresentazione democratica perché formato da membri di Governi di Stati democratici che rispondono politicamente nei confronti dei propri Parlamenti (democratici).

In Germania, in Svizzera, ed in USA esistono organi costituzionali molto simili al Consiglio, inseriti nel legislativo rappresentanti dei *länder*, dei cantoni, degli stati federati, dello Stato federale. Dalla società civile è partito un movimento volto a presentare al Parlamento progetti normativi di tiro europeo con un certo numero di firme derivanti da un certo numero di Stati. Una proposta molto interessante è quella di disciplinare la situazione del reddito minimo garantito;

un'altra importante è quella di un servizio civile europeo.

Commissione, Parlamento e Consiglio partecipano irrimediabilmente alla procedura normativa e questo triangolo è interistituzionale ed è dovuto in virtù proprio dell'assetto rappresentato dall'UE. Il patto di stabilità è quell'accordo che viene stipulato da tutti gli Stati per conferire stabilità economica agli Stati di zona Euro. Noi cittadini attraverso il Parlamento avevamo tutto l'interesse che il Patto di stabilità fosse inserito all'interno di un regolamento che avesse come soggetti le banche, e non gli Stati con una Direttiva.

Il Consiglio in quanto rappresenta gli Stati vuole la direttiva, e il rappresentante degli Stati è contrario al volere del rappresentante dei cittadini: ancora una volta il "Governo" è contrario al volere del "popolo". L'atto normativo presenta l'interesse dell'organizzazione, espresso nella proposta ed alla fine viene confezionato un documento che prevede i tre interessi prevalenti dell'organizzazione: questa è differente dallo Stato Costituzionale in quanto Montesquieau prima ancora che il modello potesse concretizzarsi aveva pensato alla separazione dei poteri: siamo liberi in quanto non c'è commistione tra legislativo, esecutivo e giudiziario.

Il principio della separazione dei poteri nasce per avere libertà, per le organizzazioni internazionali invece si ha tutto l'interesse di accentrare il potere: l'organizzazione ha bisogno di rafforzare il potere e non quello di dividerlo. Ed andare alla rottura tra organi produce degli atti che non vengono eseguiti: l'atto deve promanare da un'autorità unica. Il Consiglio Europeo non ha nessun ruolo legislativo. Il patto di stabilità si applica non solo alla zona Euro, ma anche a Stati con una forte moneta fuori dalla zona Euro.

I Parlamenti nazionali partecipano ad un procedimento che consente anche di bloccare i provvedimenti europei. Il *lobbying*[12] è considerato nell'Unione Europea un atto non illecito, ed ogni regione ha nell'UE un ufficio di *lobbying*. La *magna pars* all'interno di questa organizzazione è quella degli Stati: essi sono soggetti privilegiati nell'UE in quanto l'hanno creata e possono disfarla.

---

[12] Lobbying (anche Lobby) è l'intenzione di influenzare le decisioni prese dai legislatori e funzionari del governo da parte di individui, altri legislatori, componenti, o difesa. Un lobbista è una persona che cerca di influenzare la legislazione in nome di un interesse speciale o un membro di una lobby. Inoltre, i governi spesso definire e regolamentare in gruppo di pressione organizzato che è diventata influente.

14. Libertà d'espressione e di pubblicizzazione

La legge francese del 1991 vietava la pubblicità diretta o indiretta di bevande alcoliche, ma nel 1995 le autorità francesi impediscono nell'ambito della attività sportive, calcistiche, di trasmettere sulle reti nazionali francesi le partite anche svolte all'estero in cui vi fossero di questi cartelli pubblicitari della società Bacardi SAS intorno al campo. In applicazione di questa normativa, qualora si dovessero ritrasmettere le partite si sarebbero dovute oscurare le pubblicità oppure non si dovevano trasmettere le partite. La Bacardi però ricorre in giudizio opponendosi a questo divieto legislativo: chiede alla Cassazione se la legge fosse conforme alla direttiva europea. Si fa riferimento alla direttiva 89/552.

Viene risposto che la pubblicità contenuta nelle trasmissione della partita non centra nulla col contenuto della direttiva 89/552, pertanto non sussiste dubbio di incoerenza. All'interno dello spazio europeo non può essere posto limite alla prestazione di servizi, ex Art. 56 del TFUE. Lo Stato membro può valutare la limitazione di un servizio qualora questo sia compiuto per interessi legittimi. La Corte di Giustizia ci dice che la salute è comunque un diritto di grande importanza. Questa limitazione è proporzionata allo scopo (tutela della salute) che lo Stato voleva raggiungere? La Corte di giustizia dice che la Legge è conforme in quanto l'interesse in gioco è la tutela della salute, un interesse alto.

La mancata pubblicizzazione limita il consumo, il basso consumo riduce le lesioni alla salute, lo scopo ha un giusto provvedimento, non esagerato. La libertà d'espressione contiene anche la libertà di pubblicizzare. L'art. 19 della dichiarazione universale dei diritti dell'uomo costruisce il diritto d'espressione come un diritto illimitato, assoluto. Ma l'art. 29 completa questo disposto limitando questo diritto apparentemente assoluto. Ogni provvedimento limitativo deve essere prodotto da un Parlamento nazionale. Questa dichiarazione, sebbene non sia vincolante in sé stessa, è cogente come diritto consuetudinario.

La limitazione seppur possibile deve essere prevista dalla legge (deve essere rispettato il principio di legalità), proporzionata e finalizzata ad un giusto scopo. Il principio di legalità non è solo laddove la norma è conforme alla norma di rango superiore (ex artt. 70 e 71 della Costituzione italiana): la Corte dei Diritti dell'Uomo ci dice che la norma per essere conforme al principio di legalità deve avere delle caratteristiche: accessibile (che può essere conosciuta, mediante pubblicazione nella GU), precisa (il contenuto non deve essere contorta), chiara (la norma non chiara non è legge, in quanto incomprensibile), irretroattiva (non può essere attuata nei fatti e poi promulgata), necessaria, con scopo legittimo.

Nella Sentenza 28 Marzo 1990 Groppera Radio Vs. Svizzera la Corte europea dei diritti dell'Uomo disse che Groppera Radio avrebbe potuto servirsi di un parere legale per comprendere la legge elvetica al fine di adeguarsi alla normativa sulle concessioni delle trasmissioni radiofoniche. Il Governo elvetico dice che la limitazione era dovuta alla tutela dell'ordine pubblico delle telecomunicazioni, e dei privati. I ricorrenti invece dicevano che la legge era volta a censurare taluni tipi di programmi, allora ci si è domandato quali fossero gli eventuali motivi della censura. Ma la limitazione apparve conforme all'art. 10 CEDU. La Svizzera impedì che Groppera Radio ponesse una frode alla legge mettendo le antenne in territorio italiano. Il Governo non è entrato nel merito delle trasmissioni, dei programmi, ma ha colpito il fatto che per evitare la normativa la società si è posta in territorio dell'Italia.

Groppera Radio continuava a trasmettere in Svizzera senza conformarsi alla legge elvetica in quanto posta in territorio italiano. Alcune sentenze sanciscono l'illegittimità della misura limitativa, ed il monopolio può vedere un regime di concessioni. La Corte europea dei Diritto dell'Uomo può essere adita previa esaurimento dei ricorsi interni, entro sei mesi dall'ultima sentenza. La Corte CEDU emette sentenze vincolanti.

15. *Corte di Giustizia dell'Unione Europea* (una e trina)

La tutela dei diritti non è solo una tutela giurisdizionale: essa si avvale anche di mezzi non giurisdizionali e non riguarda soltanto l'osservanza delle norme adottate dall'UE in relazione degli effetti interni alla stessa organizzazione, relativa ai comportamenti degli Stati e delle istituzioni, e tende ad esaurire entro l'ordinamento dell'Unione tutti i possibili contenziosi degli Stati. Nell'ordinamento degli Stati la funzione giurisdizionale è quella attraverso la quale si "dice il diritto": nel Diritto Internazionale c'è l'arbitrato su base consensuale e non giurisdizione (non c'è un potere sovraordinato). L'appartenenza all'organizzazione comporta la competenza della Corte sopra una certa classe di controversie, e non è possibile agli Stati di sottrarsi a queste giurisdizioni. Nel Diritto Internazionale la "giurisdizione" non è volta a tutelare la legittimità: questa risiede nell'acquiescenza degli Stati.

Non esiste una Legge internazionale, ma i trattati: sono gli Stati ad essere legislatori, amministratori e giudici del Diritto Internazionale. Ma nell'UE l'apparato giurisdizionale controlla anche la legittimità degli atti dell'Unione: tutta l'attività normativa è sottoposta ad un controllo di legalità. Nel Diritto Internazionale l'accesso alle Corti non è aperto agli individui: riguarda esclusivamente i soggetti del Diritto Internazionale. L'accesso alle Corti UE è aperto ai singoli quando le norme sono ad essi dirette.

L'art. 226 TFUE ci dice che ognuno gode del diritto individuale di petizione al Parlamento Europeo per un'inchiesta. L'atto però ha solo mero valore politico: gli organi UE potrebbero (senza cogenza) presentare la questione alla Corte Europea, ma il procedimento di fronte a questa è tutt'altra cosa rispetto alla petizione, etc. La stessa cosa vale per il mediatore, disciplinato dall'art. 228 TFUE: il ricorso al mediatore europeo (che verifica la cattiva amministrazione) è aperto alle persone fisiche e giuridiche che risiedono negli Stati membri dell'organizzazione, a tale controllo è sottratta la Corte di Giustizia. Il giudice naturale del Diritto dell'Unione Europea è il giudice nazionale.

La *Corte di Giustizia dell'Unione Europea* è la giurisdizione dell'Unione, che è però articolata oggi in tre giurisdizione: Corte di Giustizia, Tribunale, Tribunale per la funzione pubblica. L'espressione

"Corte di Giustizia" (Artt. 251 e 252 TFUE) indica una parte della giurisdizione dell'UE, che complessivamente è chiamata *Corte di Giustizia dell'Unione Europea*. Il Trattato prevede che per singole classi di rapporti giuridici possano essere costituiti tribunali separati, specifici. Tutti gli strumenti che uno Stato mette in campo per tutelare la propria amministrazione servono anche per tutelare lo svolgimento delle funzioni dell'UE: questo si chiama principio dell'equivalenza o dell'assimilazione, ed è stato fondato dalla *Corte di Giustizia dell'Unione Europea* con la *Sentenza 21/09/1989* in causa C 68/88, *"Mais greco": la Grecia metteva in libera pratica del mais spacciandolo come mais coltivato in Grecia, invece era coltivato in Jugoslavia. Quando un bene è entrato in dogana (essendo stato pagato fisicamente un dazio doganale ai doganieri, poi inviato a Bruxelles) può circolare liberamente.*

Dichiarando che il mais fosse greco i doganieri non mandavano alcun dazio a Bruxelles: la Commissione ha scoperto la frode su soffiata anonima (forse un doganiere greco), ed ha chiamato la Grecia di fronte alla Corte: la Corte ha sentenziato che la Grecia veniva meno al principio di legale collaborazione senza assimilare le tutele pubbliche a quelle dell'Unione. La Corte di Giustizia è composta da un giudice per ogni Stato membro, ed ogni Stato designa il "proprio" giudice (che per la Corte CEDU di Strasburgo potrebbe anche non avere la nazionalità dello Stato designante). A questi giudici, come ai commissari, si chiede la competenza, ma solo ai secondi, e non ai primi, si chiede la cittadinanza dello Stato designante. La Corte di Giustizia amministra il Diritto dell'Unione Europe quindi è poco importante che i giudici conoscano i diritti degli Stati membri (a rigore è anche possibile designare un giudice extracomunitario). La commissione, oltre ad aver un potere estesissimo, esercita una funzione politica importantissima: l'iniziativa normativa.

E' inutile riempire la proposta di norme irrecepibili: il commissario europeo deve conoscere il tessuto degli Stati: il fatto che per la Commissione è chiesta la cittadinanza dimostra lo spessore politico delle sue decisioni. Prevedere per i Commissari la cittadinanza non implica l'indipendenza dagli Stati membri. Nel corso degli anni si sono presentate commissioni più o meno indipendenti, subordinatamente alla tempra del Presidente della Commissione. La Commissione si dimette nel suo complesso, e non parzialmente in quanto ha responsabilità politica collegiale, invece la responsabilità giuridica è individuale. La Corte di Giustizia è composta da ventisette persone, che storicamente hanno sempre avuto la cittadinanza degli Stati, a differenza della Corte CEDU di Strasburgo.

La Corte di Giustizia giudica sulla base di una diversa composizione, a sezioni di tre, cinque o tredici membri in base alla questione: se la questione è ripetitiva, ed il cancelliere la stabilisce tale il caso verrà attribuito ad una sezione di tre giudici; se importante verrà attribuito ad una sezione di cinque giudici; se il caso non è ancora consolidato verrà affidato ad una sezione di tredici giudici; la sezione plenaria è adita solo per casi di dimissioni individuali dei membri della Commissione. La Corte di Giustizia ha un proprio Statuto, e i giudici sono assistiti da avvocati generali: questi sono stati assimilati ai procuratori generali presso la Cassazione, competenti a dare un parere autorevole, la conclusione.

Il Cancelliere individua un avvocato generale, oltre alla sezione di giudizio, per assistere il caso: le conclusioni sono atti che concludono il procedimento prima della sentenza. Hanno la natura di un parere perché non ha effetti vincolanti: la Corte rimane arbitro di decidere diversamente, ma poche volte la Corte si è comportata diversamente dal parere dell'avvocato generale. Ciò che si può notare è che l'avvocato generale è sempre più coraggioso rispetto al giudice: non dovendo dare un giudizio finale vincolante si volge sempre verso più all'integrazione. I pareri dell'avvocato generale sono una sorta di manuale: cita la dottrina e non solo la giurisprudenza, a differenza dei giudici.

I ventisette giudici e gli otto avvocati (aumentabili su decisione unanime del Consiglio) generali sono affiancati dai referendari e sono scelti tra giovani giuristi volenterosi nazionali, neolaureati. I giudici e gli avvocati sono scelti tra personalità che offrono garanzie d'indipendenza, che siano giureconsulti di notoria competenza, che siano professori universitari.

16. Competenze della Corte e dei Tribunali

Il Tribunale della funzione pubblica è l'istituzione d'appartenenza del funzionario europeo competente nella validità del contratto del rapporto di lavoro: i ricorsi presentati a questo sono in appello a sentenze dei tribunali degli Stati. Nel 1989 questo Tribunale era nato col nome di Tribunale di primo grado. La norma, inserita nell'AUE, istituisce il Tribunale di primo grado delle Comunità Europee al fine di creare il doppio grado di giurisdizione. In realtà sottostante a questa decisione c'è un'esigenza di contenuto pratico e concreto: la Corte di Giustizia delle Comunità Europee era nata per gestire i contenziosi di soli sei Stati, e la popolazione era di soli sei Stati membri, ma nel 1989 gli Stati membri erano diventati dodici.

Il rischio concreto (certezza) era il tempo lunghissimo dei processi, contrario ai diritti dell'uomo: una giustizia lunga non è giustizia. Si è deciso di istituire il Tribunale di primo grado, che ora si chiama solo Tribunale. Le sentenze del Tribunale della funzione pubblica è appellabile al Tribunale; le sentenze del Tribunale per la legittimità sono appellabili di fronte alla Corte di Giustizia. Il Tribunale ha anche proprie competenze: di fronte a questo si presentano ricorsi da persone giuridiche e fisiche colpiti da atti dell'UE, eccetto quelli in materia pubblicistica (per i quali è competente il Tribunale per la funzione pubblica).

La Corte di Giustizia è competente in appello in materia di sentenze del Tribunale. Siccome gli Stati non hanno diritto al doppio grado di giudizio, le sentenze del Tribunale sugli Stati non sono appellabili. La Corte di Giustizia è giudice di unico grado per tutto quello che riguarda la giurisdizione consultiva, non quella riguardante una controversia, ma a quella riguardante all'interpretazione ad una o più norme del trattato.

Ai sensi del trattato sul funzionamento dell'Unione la Corte può essere investita del potere di dare un parere sulla legittimità di un trattato al Diritto dell'UE: sembra però essere più una sentenza che un parere in quanto questo è vincolante, obbliga a rivedere il trattato o la parte incompatibile col trattato. L'altra competenza non contenziosa è il rinvio pregiudiziale.

Nel Trattato di Lisbona si prevede che la competenza pregiudiziale, con decisione del Consiglio, può essere spartita tra la Corte ed il Tribunale. Creerebbe però problemi spartire questa competenza d'interpretazione delle norme dell'UE. Negli ordinamenti interni è la Cassazione a sezioni unite a dare la corretta interpretazione. Si tratta di dare un sistema, simile all'ordinamento interno, che consenta di dirimere un eventuale problema interpretativo. Queste tre formazioni sono disciplinate anche dall'art. 19 TUE, all'interno del quale viene fatta una fotografia delle competenze della Corte di Giustizia.

L'art. 273 TFUE ci mostra un aspetto diverso rispetto agli altri articoli: dà una competenza di tipo "filosofico" in materie di controversie, compromessi fra Stati: ci dice che riguarda la differenza tra l'ordinamento dell'UE e quello Internazionale: la Corte di Giustizia dell'Unione Europea ha una competenza onnicomprensiva su materie contenzione e non contenziose, e può essere in virtù di un compromesso investita di un'altra competenza che abbia qualche connessione con l'oggetto dei Trattati: gli Stati hanno costantemente deferito classi di controversie alla Corte indipendentemente dal fatto che quella classe di controversie sia prevista dal Trattato.

La Corte di Giustizia dell'Unione Europea è competente in materie di controversie od interpretazioni sul regolamento istitutivo relativo ai Licei Europei[13]. Solo l'interpretazione della Corte (che si impone con sentenza) è la sola accettata in tutti e ventisette Stati membri. Una spia di questa norma che tende a riportare alla Corte il maggior numero di competenze possibili è una duplice norma del TFUE: artt. 272 e 273. Questa organizzazione internazionale che si contraddistingue dalla libertà ed indipendenza dagli altri modelli, ha una funzione giurisdizionale che vuol essere garanzia per tutti i soggetti di diritto: Stati, Istituzioni, cittadini. La Corte è competente anche a valutare il principio di sussidiarietà. E' un istituto di

---

[13] Il progetto ministeriale sperimentale di Liceo Classico Europeo fu istituito a partire dall'anno scolastico 1993 - 1994 in nove convitti nazionali ed educandati femminili dello Stato (precisamente nelle sedidi Torino, Milano, Parma, Prato, Teramo, Roma, Cosenza, Catania, Palermo), ai quali se ne sono aggiunti in seguito altri 8 (Verona, Udine, Montagnana, Firenze, Napoli, Avellino, Reggio Calabria, Maddaloni). La sperimentazione ha preso le mosse dai princìpi del trattato di Maastricht, dove la dimensione europea dell'insegnamento è raccordata all'apprendimento e alla diffusione delle lingue degli Stati membri e alla conoscenza della cultura e della storia dei popoli europei. In questo modo il liceo classico europeo si è visto assegnato il fine di favorire la formazione di una coscienza europea, in funzione di un rafforzamento sempre maggiore dell'Unione Europea.

garanzia anche per altro motivo: agisce come agiscono i giudici di *common low*: utilizza un significato molto lato di "rilevazione": crea il diritto. L'ordinamento si rafforza intorno all'effetto diritto, alla primazia, etc, e poi l'istituto della CDG è garanzia per le persone fisiche e giuridiche. Negli anni settanta si diceva che dovesse essere la Commissione ad essere il motore della CEE, ma ad oggi si può dire che il motore dell'Unione è la Corte di Giustizia.

C'è una clausola contenuta nell'art. 275 TFUE che limita le competenze della Corte di giustizia: questa non si occupa della PESC in quanto la norma ci dice che la Corte di Giustizia non è competente in materia di politica estera e di sicurezza comune: la PESC è un pilastro separato, con l'eccezione dell'art. 40 del TUE ed eccetto la legittimità dei provvedimenti che limitano la libertà delle persone fisiche e giuridiche. L'art. 40 ci dice che la Corte è competente in ciò che è diverso dalla PESC, ed è giudice sul confine tra PESC e non PESC. Si ha giurisprudenza sulla sua vecchia versione che ci dice che la Corte è dovuta intervenire per ridisegnare i confini tra PESC e non PESC, GAI e non GAI.

La protezione dell'ambiente viene attuata con misure di carattere penale: misure in materia della competenza europea incidono sul settore GAI, ma gli Stati nell'85 adottarono una decisione quadro (attuale direttiva) tutelando l'ambiente in materia penale. La Corte ha detto che non era possibile adottare quel genere di provvedimenti con quel genere di atti: l'atto era illegittimo.

Il *blacklisting* è un sistema elaborato dal Consiglio di sicurezza dell'Organizzazione delle Nazioni Unite. L'atto con cui v'è una violazione dei diritti dell'Uomo è dichiarabile nullo ai sensi dell'art. 273 TFUE. Il Consiglio di sicurezza ha pensato di trasferire la lotta al terrorismo sul terreno finanziario con la convinzione non errata che togliendo le finanze al terrorismo questo non ha più i mezzi di fare atti di terrorismo, e come? Togliendo, espropriando i beni ai terroristi. Queste misure sono volte a colpire i terroristi ed i presunti terroristi: il Consiglio di Sicurezza non è un organo giurisdizionale, ma politico, quindi anticipa le sentenze di un giudice.

Il *blacklisting* prevede una risoluzione ogni sei mesi contenente un allegato che blocca il terrorismo ed i beni di questi, indicando in un elenco coloro i quali che devono essere colpiti con l'espropriazione di questi beni; quest'atto è indirizzato agli Stati i quali devono attuare l'atto in quanto ex capitolo VII della Carta ONU. C'è una barriera in Europa che è la PESC che blocca il *blacklisting*: questa competenza non è degli Stati ma dell'UE. L'UE prende quella risoluzione, la rinomina "posizione comune" e la indirizza agli Stati.

A partire dal 2001 quando sono cominciate ad arrivare di questi atti ci sono stati persone fisiche e giuridiche le quali si sono viste congelati i propri beni sulla base di quest'atto. Si sono presentati ricorsi alla Corte di Giustizia, al Tribunale (di primo grado), per far valere la presunzione d'innocenza. La Giurisprudenza della Corte di Giustizia ha avuto una grande evoluzione: mentre con le prime sentenze del 2003 il Tribunale si era pronunciato dicendo che essendo vincolata non avrebbe potuto prevedere competenza; nelle altre sentenze invece ha detto che l'atto fosse ricorribile di fronte alla giurisdizione europea.

La Corte è competente ex art. 275 TFUE a pronunciarsi in materia di congelamento di beni di persone fisiche e giuridiche. La prima competenza che il Trattato ci propone è suddivisa in tre norme: artt. 258, 259 e 260: si tratta della procedura d'inadempimento da parte degli Stati a norme di Diritto dell'Unione Europea in senso lato (dei trattati e derivato). Sta nel libero apprezzamento della Corte di Giustizia se un comportamento merita un giudizio da parte della Corte e questa facoltà risiede anche negli Stati: ciascuno Stato può adire la Corte quando reputi che uno Stato stia inadempiendo al Diritto dell'Unione Europea. La Commissione mette lo Stato in condizione di presentare le sue osservazioni: la prassi ci dimostra che la Commissione invia una lettera allo Stato scrivendo motivazione e termine entro il quale rispondere (la prassi ci dice essere di 60 giorni). La Commissione esprime con un parere motivato (non è un atto tipico come il "parere" dell'art. 288 TFUE) dicendo se le motivazioni contentano o meno: la Commissione cerca di evitare il giudizio di fronte alla Corte.

17. Ricorso alla Corte di Giustizia da parte della Commissione

Gli artt. 258 e 259 autorizzano (legittimano) la Commissiona a trascinare gli Stati di fronte alla Corte di Giustizia, il regolamento di prova e procedura, e lo Statuto della Corte (contenuto in un Protocollo del Trattato di Lisbona) spiegano la procedura d'applicazione. La Sentenza della Corte è dichiarativa, accertamento di un inadempimento agli obblighi degli Stati ai sensi del Trattato. Ciò viene comunicato allo Stato il quale dovrà adempiere ai provvedimenti d'esecuzione della Sentenza. Fino ad ora non sono state eseguite solo tre sentenze. Se la Commissione ritiene che lo Stato abbia eseguita male o non tutta la Sentenza, commina un ordine col quale si indica allo Stato di presentare le proprie motivazione. L'inadempimento è violazione che necessita una seconda sentenza.

La penalità di mora è una penalità calcolata dal conteggio dei giorni di mora, invece la somma forfettaria è meno pericolosa. Una direttiva comporta sempre che per un termine di qualche anno vi sia tempo per adempiere, ma una volta compreso che non si ha adempiuto la Commissione propone ricorso di fronte alla Corte e già dalla prima proposizione si può proporre alla Corte una somma forfettaria o una penalità per l'inadempienza dello Stato. Il rapporto fra Unione e Stati deve essere di leale cooperazione in quanto le valutazioni dei comportamenti sono rigorosissimi e prevedono sanzioni pecuniarie per i comportamenti sleali e per gli inadempimenti.

18. Diritto del Lavoro nell'Unione Europea e Gerarchia delle Fonti

La legislazione più recente di Diritto del Lavoro è in materia Comunitaria, e la disciplina italiana risente moltissimo delle direttive comunitarie in materia di lavoro, *part-time* ed a termine. Inizialmente queste direttive avevano deboli elementi precettive, erano più che altro programmatiche, e le direttive sono state adottate secondo il procedimento delle norme del Trattato che consentono l'accordo delle parti sociali a livello comunitario con recepimento nella direttiva. La direttiva del 2008 lascia agli Stati membri la possibilità di regolamentare largamente poiché si è potuto raggiungere l'accordo solo con una leggerezza della regolamentazione.

La Corte di Giustizia ha smentito queste previsioni fosche attribuendo alle clausole un respiro più ampio di quella data dagli stessi redattori della Direttiva: viene stabilita la parità di trattamento, ed il principio di non discriminazione. Il divieto di discriminazione ed il principio di parità di trattamento fa riferimento non già alle caratteristiche soggettive (sesso, razza, lingua, religione, orientamento politico e sessuale, etc), ma alle caratteristiche del rapporto di lavoro non standard: lavorare con un contratto di lavoro atipico rischia di far avere una tutela minore dei diritti. L'espressa previsione ha consentito alla Corte di Giustizia di valutare sulla parità di trattamento senza passare per l'accertamento di una discriminazione di sesso.

Le discriminazioni indirette sono dei comportamenti apparentemente neutri, ma che fanno emergere una divergenza di trattamento tra diversi lavoratori. A fronte di una differenza di trattamento la Corte accertava in precedenza una discriminazione in base al sesso, procedendo poi con una verifica dell'esistenza o meno di una giustificazione per il trattamento differenziato di tipo sociale o economica. La Corte di Giustizia ha elaborato una giurisprudenza in materia di giustificazione di discriminazione indiretta è molto dura e particolarmente stringente. Questa formula trasposta sull'onere della prova ha consentito coprire ampi ambiti della disciplina e dei contratti dei rapporti di lavoro.

Questo approccio non aveva l'obiettivo di tutelare i lavoratori flessibili in quanto tali, bensì per evitare discriminazioni sulla base del sesso perché le previsioni consentivano di censurare le sole discriminazioni sulla base del solo sesso. Le direttive sui lavori atipici sono importanti i quanto ne fanno il perno della disciplina in materia, e ciò nel quadro di una regolazione ritenuta di basso profilo, a vincolatività limitata. La Corte di Giustizia ha utilizzato il principio della parità di trattamento uno strumento formidabile costruendo una ricchissima giurisprudenza in materia di discriminazioni.

Sembra che la Corte stia facendo lo stesso in materia di contratti a termine o *part-time*. Bisogna capire qual è la portata del principio della parità di trattamento con riguardo al suo ambito di applicazione e alle condizioni di impiego sulla base delle quali devono essere considerate ai fini della parità di trattamento. La Corte di giustizia come ha fatto in materia di discriminazioni ha cercato di dare una giurisprudenza più ampia possibile: i lavoratori con contratti atipici non possono essere trattati con condizioni d'impiego meno favorevoli di quelli con lavoratori con contratti tipici.

Il lavoratore a tempo parziale ha diritto a ricevere la stessa retribuzione oraria almeno, se non altri vantaggi. La Corte ha cominciato ad utilizzare questo mezzo di equiparazione a prescindere di una discriminazione sulla base del sesso: si differenzia dalla sua giurisprudenza precedente. Le due tecniche di tutela non sono assolutamente equivalenti: la tutela precedente non distingueva il tipo di contratto.

La direttiva prevede che la parità deve riguardare le condizioni d'impiego dei lavoratori con rapporti flessibili: le competenze sono comunitarie ed uno dei primi problemi sollevati è se il principio di parità di trattamento riguardi anche la retribuzione: questa materia è sottratta alla competenza comunitaria dall'art 153 del TFUE. Se il Diritto dell'UE non si occupa di retribuzioni il principio di parità di trattamento si applica anche alle retribuzioni? La Corte dà una risposta affermativa dicendo che il punto di partenza è l'affermazione che il principio di parità di trattamento è di Diritto Sociale Comunitario.

Secondo la Corte di Giustizia quella eccezione ha la funzione di salvaguardare l'autonomia degli Stati membri nel fissare il livello delle retribuzioni. L'UE non può emettere un livello minimo della retribuzione, ma può vietarne la differenziazione tra lavoratori tipici ed atipici. Per le discriminazioni di sesso esistono procedimenti specifici che non comprendono la materia della retribuzione: dalle condizioni d'impiego previste per i lavoratori atipici si ritiene che non possano essere escluse le regole sulla retribuzione. La Corte di Giustizia ha fissato che nella nozione di retribuzione possono rientrare anche le regolamentazioni in materia pensionistica, e le retribuzioni erogate da fondi pensionistici al fine della prevenzione. Le prestazioni erogate dall'INPS ai lavoratori possono essere considerate retribuzioni quindi rientranti nella disciplina delle retribuzioni. La Corte utilizza il principio di parità di trattamento per forzare le competenze comunitarie tangendo quelle competenze che gli Stati detengono gelosamente.

Quando si parla di condizioni d'impiego la Corte dà una interpretazione molto ampia ed in materia di discriminazioni di lavoratori tipici ed atipici sembra adottare uno scrutinio molto stringente. La Corte dice che le differenze di trattamento non sono ammissibili sebbene previste anche dalle Leggi interne o dai contratti collettivi. La Corte nel dare una interpretazione completa ha detto che il principio della parità di trattamento è direttamente applicabile, quindi è una norma precettiva. Secondo la Corte di Giustizia il principio di parità trattamento esclude qualsiasi giustificazione in materia di condizioni d'impiego: il contenuto è talmente preciso da essere applicato dal giudice ed invocato dal singolo: si può riconoscere la traduzione del principio della parità di trattamento in un principio fondamentale da parte della Corte di Giustizia.

La Corte Costituzionale Tedesca nel 30 Giugno 2009 ha emanato una sentenza che è un monumento del Diritto Costituzionale: declassa l'ordinamento dell'Unione Europea (considerata una mera associazione di Stati) e glorifica lo Stato democratico. La (allora) Comunità Europea è una organizzazione internazionale di nuovo genere: è inutile che ci si pone il problema delle Costituzioni, dello Stato, etc. Nell'Unione Europea la Gerarchia delle Fonti è frutto di un dialogo delle alte Corti, ma essenzialmente manca una gerarchia considerata come nelle costituzioni nazionali.

L'UE è un ordinamento straordinario costruito non già da una costituente ma dalla giurisprudenza della Corte di Giustizia. La Corte Costituzionale Tedesca nell'Agosto del 2010 ha sentenziato che le interpretazioni della Corte di Giustizia sono vincolanti del Diritto dell'Unione Europea.

19. Rinvio pregiudiziale

I giudici nazionali sono penalmente responsabili per la cattiva interpretazione od applicazione del Diritto dell'Unione Europea. E' un obbligo per il Diritto Interno nazionale contenuto nell'art. 267 TFUE in materia di rinvio pregiudiziale, il cui quarto comma è una eccezione rispetto alla regola generale. Il rinvio pregiudiziale è una procedura che si inserisce tra il giudice dello Stato membro e la Corte di Giustizia al fine di mantenere l'uniformità tra il Diritto dell'UE e la sua naturale applicazione. Gli stati devono adire la Corte in materia di interpretazione e applicazione del Diritto UE. Il giudice dello Stato membro non chiede la surrogazione nel giudizio, ma solo l'interpretazione di una norma appartenente all'Unione Europea; starà poi al giudice applicare l'interpretazione della Corte.

Questa norma risale al Trattato CECA e non è stato mai modificato sebbene ci sono stati andamenti paralleli nel corso del tempo: nasce una Corte nuova che lavorò in parte per gli affari penali (terzo pilastro). Oggi è l'art. 267 che copre il terzo pilastro e mantiene l'uniformità dell'ordinamento dell'Unione. Tutto l'ordinamento dell'Unione è soggetto all'unico giudizio della Corte in materia d'interpretazione.

Esiste nello Stato costituzionale il controllo di costituzionalità (dei principi fondamentali) delle leggi di riforma costituzionale. In alcuni ordinamenti la funzione arbitrale è giurisdizionale, in Italia no, ed allora come fa un arbitro ad rinviare alla Corte? Non possono farlo tutti gli arbitri privati dell'UE, sebbene in alcuni Stati vengono considerati operatori giurisdizionali. La qualità della funzione giurisdizionale consiste nella terzietà rispetto alle parti, giudice non scelto dalle parti, al di sopra delle parti. Di fronte ad un quesito già risolto in precedenza il giudice nazionale è autorizzato a non rinviare la questione alla Corte.

Ma se il giudice non è convinto, ed è cambiata la situazione delle cose, può rinviare alla Corte di Giustizia la questione per una altra interpretazione. Gli altri commi dell'articolo costituiscono un obbligo ed una facoltà: per il giudice nazionale che non sia di ultimo grado c'è una facoltà al rinvio; per quello di ultimo (e quindi anche unico) grado il rinvio e obbligatorio poiché non si vuole aggravare la Corte e si vuol dare influenza giurisprudenziale similvincolante.

Secondo la Corte di Giustizia la detenzione è la limitazione della libertà personale, quindi non solo il carcere ma anche la situazione di chi si trova controllato nei centri di cura coercitiva, centri di identificazione ed espulsione, etc. Il rinvio pregiudiziale d'urgenza ha avuto inizio il 1° Marzo 2008 e deve svolgersi in sessanta giorni. Se il rinvio pregiudiziale dura due anni in un caso di *legal kidnapping*[14] non c'è più giustizia in quanto la *iniuria* si è consolidata, per questo è stato creato il rinvio d'urgenza (sessanta giorni).

La direttiva 2008/115 regola l'irregolarità di coloro i quali si trovano stranieri in territorio statale: l'immigrazione senza documenti e senza permessi è una irregolarità e non una clandestinità o una illegalità. L'immigrazione è una irregolarità amministrativa, e non una violazione penale. Questa direttiva è più virtuosa di quanto non sia sembrata all'inizio, sebbene sia stata critica da associazioni caritatevoli dalla *Caritas* a quelle più laiche.

L'Italia non si è adeguata alla Direttiva 2008/115 e la Legge Bossi-Fini è rimasta inapplicabile in quanto in contrasto con il Diritto derivato UE: è trascorso il termine di scadenza inutilmente senza un adattamento.

---

[14] Affidamento temporaneo giudiziario dei figli ad un genitore il quale si trasferisce in uno Stato in cui non è possibile intervenire giudiziariamente per poter sottrarre i figli per attribuirli all'altro genitore, come lo Stato originario aveva previsto per legge o sentenza.

20. Ricorso alla Corte di Giustizia per vizio amministrativo degli atti dell'UE

Il rinvio pregiudiziale si perfezione con una sentenza che non sanziona né censura lo Stato: dà una sentenza d'interpretazione o di valutazione sulla consonanza di una norma interna con una norma del Trattato. Il giudizio interno si sospende fintantoché la Corte di Giustizia non abbia chiarito il problema in materia di applicazione, interpretazione, concordanza. La sentenza resa sul rinvio pregiudiziale *de iure* ha una portata bilaterale con effetto *inter partes*, ma in realtà ha una capacità espansiva tendenzialmente *erga omnes de facto*.

Il rinvio serve a proporre alla Corte una questione di validità od interpretazione: la questione pregiudiziale rientra nella decisione libera del giudice, e questi è obbligato a porre la questione quando esso ha un problema. Se la libertà del giudice porta ingenti problemi sulla interpretazione, ancor più grandi sono i problemi in materie di validità: la norma o si applica o non si applica. Se il libero convincimento del giudice potrebbe ostacolare la validità, l'UE aggiunge un ulteriore mezzo per valutare la validità. L'art. 263 TFUE ci propone un ricorso che è un controllo di legittimità fatto direttamente.

Si tratta pertanto di un controllo di legittimità su gli atti normativi dell'Unione che hanno carattere vincolante (quindi atti che non siano raccomandazioni o pareri). Tale controllo viene fatto su un atto normativo che a parere del ricorrente (legittimato attivo) è viziato. I vizi degli atti amministrativi francesi sono stati trasmigrati nell'Unione nel 1957, e sono: Incompetenza (Solo competenza delle istituzioni ad emanare atti, ma non anche competenza dell'Unione nel confronto degli Stati), violazione delle forme sostanziali (Adozioni d'atti in assenza di elementi obbligatori), sviamento di potere (Adozione d'atti per il raggiungimento di scopi non previsti per quegli atti).

La violazione del Trattato diverge dalla violazione di norme derivate. La Carta di Nizza viene utilizzata come "Carta dei diritti fondamentali" per valutare la "costituzionalità" delle norme del diritto derivato. Se l'atto contiene uno di questi difetti, alcuni legittimati attivi possono adire la Corte di Giustizia presentando l'atto viziato: Stato membro, Parlamento Europeo, Commissione, Consiglio: questi sono i legittimati attivi in quanto non devono mostrare alcun interesse. La Corte dei Conti, la BCE ed il Comitato delle Regioni possono adire la Corte solo in caso di salvaguardia delle proprie prerogative (dimostrando la fondatezza dell'interesse) essendo legittimate semiprivilegiate. Qualsiasi persona fisica e giuridica può proporre ricorso ma è legittimata non privilegiata, quindi solo in caso in cui l'atto normativo è diretto, riverberante nella sfera giuridica propria del soggetto (p.es.: decisione).

Questa formula ha dato senz'altro adito a giurisprudenza per la formulazione poco chiara.

21. Rinvio incidentale

La Costituzione funge da parametro di costituzionalità per la normazione interna; se c'è una questione di costituzionalità nell'applicazione di una normativa comunitaria allora il giudice interno sospende il giudizio ed invia la questione d'interpretazione alla Corte. La Corte di giustizia esercita un controllo di legittimità sugli atti legislativi. Tutti gli atti legislativi sono giustiziabili, gli atti del Parlamento Europeo, del Consiglio Europeo, di tutte le istituzioni che possono emanare atti vincolanti.

Quando il ricorso è proposto ed è dichiarato ricevibile si arriva a sentenza e questa viene affrontata dall'art. 274 TFUE. La sentenza di nullità della Corte comporta l'inesistenza *ex tunc* dall'ordinamento, non provocando alcun effetto nell'ordinamento. La prassi ci dice che tutte le volte che la Corte ha apprezzato l'inapplicabilità di un atto le istituzione dell'UE hanno ritirato l'atto, modificato, sostituito e comunque risistemato l'atto e l'ordinamento. Le condizioni sono principalmente due per potersi avere ricorso incidentale: bisogna lasciar continuare il procedimento per quella classe di controversie senza sospenderlo, ed avviare contemporaneamente quello incidentale.

Il rinvio incidentale non fa applicare un atto solo per un determinato caso ed il secondo presupposto prevede che l'atto viziato rilevi direttamente. Il ricorso in carenza mette in moto una istituzione che ha mancato al suo dovere ed i legittimati attivi sono gli Stati membri e le istituzioni dell'Unione che possono portare davanti alla Corte i legittimati passivi (Parlamento Europeo, Consiglio, Consiglio Europeo, Commissione, BCE). La sentenza della Corta dichiara la violazione dell'art. 265 TFUE, ed esiste poi una competenza relativa alla procedura che porta la Corte in materia di contratto pubblico e provato: qualche volta l'Unione chiede agli Stati di stipulare trattati o contratti.

Le clausole compromissorie dei contratti degli Stati rinviano alla Corte di Giustizia il giudizio sulle controversie che possono nascere sull'accordo stesso.

Sommario